生活勵志 043

其實你有改變的力量

最貼近人性的心靈作家
何權峰◎著

高寶書版集團

其實你有改變的力量

作　　者：何權峰
編　　輯：余純菁
出 版 者：英屬維京群島商高寶國際有限公司台灣分公司
Global Group Holdings, Ltd.
聯絡地址：台北市內湖區洲子街88號3樓
網　　址：gobooks.com.tw
電　　話：(02) 2799-2788
電　　傳：出版部(02) 2799-0909　行銷部 (02) 2799-3088
郵政劃撥：19394552
戶　　名：英屬維京群島商高寶國際有限公司台灣分公司
初版日期：2011年2月
發　　行：希代多媒體書版股份有限公司 / Printed in Taiwan
原 書 名：心念的種籽

國家圖書館出版品預行編目資料

其實你有改變的力量/ 何權峰 著
-- 初版. - 臺北市：高寶國際出版,
希代多媒體發行，　2011.2
面；　公分. —（生活勵志　；HL043）

ISBN 978-986-185-549-3(平裝)
1.修身　2.生活指導

192.1　　　　99026295

〈初版序〉

其實你有改變的力量（原書名：心念的種籽）

何權峰

在心田播下好的心念種籽

有一著名的短篇小說《最後一片葉子》，描寫一位老婦人因為老友一一去世，如同窗外老樹的枯葉逐漸凋落而觸景傷情，臥病不起。那時正值嚴冬，老樹的葉子日漸掉落，僅剩最後一片。

老婦人心想，這片葉子代表我，當它掉落時，我的生命也隨之結束。她每天早上一睜開眼睛，一定先注意那片葉子是否還在。

她的親人知道這種情形之後，心生妙計，請了一位畫家畫了一片同樣的葉子縛在同一根樹枝上，永不凋落，並且在老樹後面的牆上畫了幾片嫩葉。隔天，當老婦人睜開眼睛時發現，那片枯葉不但未掉落，旁邊反倒長出新的葉子，於是她開始注意這棵老樹的變化。冬去春來，那片枯葉一直未掉，老婦人的身體亦隨著春天的腳步日益康復。

「心念」的力量是不可限量的，心裡的每一個念頭、每一個感覺、每一個信念，都會直接或間接影響到我們生老病死的過程。我們身體裡的細胞無時無刻不在竊聽我們的想法，細胞的狀態隨時也因想法不同而改變。

如果心念有如此強大的效果，那麼它的創造力量一定可以與它的影響潛力匹敵。最值得注意的是，我們或許曾覺知它的力量，卻沒有好好加以利用。

我們的生命時時刻刻都有心念伴隨左右，心念決定了我們如何看待世界，更決定了我們對世界的觀感。於是你便會感覺某些事物使你快樂或悲傷，很苦惱或很平靜。無論是好的或壞的，全憑你所種下的心念。

大家對因果法則並不陌生。人人都聽過「播什麼種籽，收什麼果子。」很顯然，如果我們想活得快快樂樂，就得學會播下快樂的種籽；同樣的，要想擁有美好的人生，就得在我們的心靈沃土播下好的心念。

你我事實上都擁有無窮無盡的選擇。我們活著的每一刻，都處在無限的可能中，可以做無窮無盡的選擇。

喜歡也好，不喜歡也好，當下發生的每件事，都是過去你選擇的結果。看看以下的因果法則，就會知道選擇不同的心念，即能改變人生。

當你改變心念，你改變想法；
當你改變想法，你改變態度；
當你改變態度，你改變行為；
當你改變行為，你改變表現；
當你改變表現，你改變人生！

本書精心選錄了許多積極、鼓勵性的諺語，具啟發性的故事和例子，以及一百則以上成功者的智慧小語，每一個心念都是一粒種籽，播下種籽後，等到發芽茁壯就決定命運。正如一位哲學家所說：

播下思想的種籽，你會收穫行動；

播下行動的種籽，你會收穫習慣；

播下習慣的種籽，你會收穫性格；

播下性格的種籽，你會收穫命運。

是什麼決定了我們每個人不同的命運？為什麼有的人雖在困頓環境中依然樂觀進取？又為什麼有的人卻在優渥環境中哀怨一生？

當你看完這本書，好好地想一想，你曾經給自己的人生種下哪些負面的心念？它對你的人生造成何種影響？還有哪些心念對你的人生造成正面的影響？你要給自己或別人種下哪些新的且正面的心念種籽呢？

我知道世上最困難的，就是改變一個人的習慣、生活方式，以及他的觀念。但是，如果你曾經，或正對你的生活、命運感到不滿，那麼本書中的一些觀念可能會有所幫助。

由衷地希望這本書能帶給各位新的思考方向，打開心結，為自己創造出一個豐富而全新的人生。

目錄

其實你有改變的力量（原書名：心念的種籽） 003
思想是願望的僕人 010
字眼是思想的符號 014
兩種態度，兩款人生 018
你的方向錯了嗎？ 022
只要你真心想做 026
別讓過去的經驗影響你 031
鑽出牛角尖 035
走出恐懼的巢穴 039
將憂慮出清存貨 044
內疚是沒有用的 048
危機中蘊藏步步活棋 052
笑紋比皺紋重要 056
做你自己 059
你還在抱怨？ 063
找到敵意的來源 067
放下憤怒的利劍 071

卸下憎恨的包袱 076
逃離嫉妒的地獄 079
「批評」就像一隻狗 083
我議人人，人人議我 087
品嘗驕傲的苦果 090
人生本就不公平 094
幽默是解暑良方 097
你有危險性格？ 101
癱瘓式完美 105
勇敢承認自己的錯誤 109
快樂不需要理由 113
謙卑是成長的開始 118
了解對方感受 122
讚美如天籟 126
用仁慈來殺死敵人 131
盡情感受生命 135
負擔也是一種幸福 140
壓力是凶手？ 143

CONTENTS

目錄

多愛自己一點 147
一〇〇九次的努力 151
不要畫地自限 154
別讓壞習慣綁手綁腳 158
找到心的方向 162
別為拖延找藉口 167
心動不如行動 171
迎向未知 176
花時間做十件事 180

珍惜生命中的每一天 184
堅持下去 187
比挫折更強 191
反敗為勝 195
面對陽光，你就看不到陰影 200

思想是願望的僕人

思考者知道，他今日的模樣是他的思想一路引導他而成；又知道，他正藉著自己思想的品質，塑造他的未來。——彼得生（Wilferd Peterson）

人類本性中，有一種強烈的傾向，就是希望能澈底變成自己想像中的樣子。

愛默生說：「一個人的個性，便是他整天所想要做的那一種人。」佛經也說：「我們的一切表現，完全是思想的結果。」可見思想具有決定命運和結局的力量，這是一個普遍的真理。

許多成功的人物之所以能夠實現他們的夢想。主要是因為他們將渴望和思想形象化、具體化，他們具有按照成功來思考問題的習慣。他們心裡所想、行為所做的都是朝向成功，因而最後都成為事實。

英國小說家毛姆（W. Somerstt Maugham）曾說：「人生實在奇妙，如果你堅持只要最好的，往往都能如願。」

還記得以前雷射光只出現在科幻小說裡嗎？還記得人們夢想在月球上行走嗎？這一切都曾是夢幻。亞歷山大・格雷尼姆・貝爾（Alexander Graham Bell）夢想著不管在多遠的地方，都能聽到人的聲音。現在我們不僅在家裡有電話，在汽車、輪船、飛機上也都有電話，甚至太空人也可在外太空和我們講話！

每一種思想，只要持之以恆，百折不撓地加以貫徹，遲早都會夢想成真。俗話說，能夠設想的東西，都能成為現實。今天，我們正在使用和享受的千百種發明便是明證。

有人說，思想是一種能量，它具有無限潛在的發揮力量，我非常同意這樣的說法。思想確實能把你帶進一種情況，或是帶出一種情況。你可以隨意而思，也可以擺脫環境而想。你的思想可使你煩惱，可使你安康。思想深深地左右著你的境遇。因思想而形成的力量，遠比你所想像的更大。

有一種吸引的定律，那就是同類相吸，正如同一般所說的物以類聚。思想也有這種特性。你的思想，在腦海中起伏翻湧，影像不斷重複，配合你的情感作用，於是變成了事實。假如大房子裡有兩部鋼琴，你在其中一部鋼琴上彈個音，然後走到另一端的另一部鋼琴前，你將發現，這部琴的弦在振動，頻率和先前那部的弦相同，這就叫做「共鳴共振原理」。

一個思想消極的人，實際上是在進行自毀的過程。共鳴共振與思想感情是一致的。不斷散發出消極思想，極易使自己收回消極的結果；相反的，一位積極思想的人，他不斷散發積極的想法，加上滿懷希望的活潑心理、樂觀和創造力，因而能收回積極的結果，這是明確而不易改變的心靈法則。

優秀的演說家丹尼斯・韋利曾說，成功的足球球員做踢球準備時會告訴自己：「如果踢進這球，我們就可以進入全國足球聯賽，而且每人可以得到三萬元獎金。」失敗的踢球者則會在做踢球準備時告訴自己：「如果這球踢不進，我的隊友就會損失三萬元。」這就是其中的不同。

根據韋利博士的說法，成功者專注於他們想得到的，而失敗者專注於他們不想得到的——結果是得到它們。

發生在我們生活中的每一件事，幾乎都是由想法所造成，不管是好事或壞事，最先形成的便是思想。此時此刻的你，我們可以說，是過去十年你的主要思想型態所造成的。如果你和我想知道從今天起，十年後的我們是什麼樣子，答案就在這十年間我們的思想方式裡。

如果你控制你的思想，而你的感覺來自你的思想，那麼你就能控制自己的感覺。通常，你以為是某人或某些事使你不快樂，其實不然。你是因為對於生活中某人或某事產生某種想法，而使自己不快樂。正如卡爾・容格所說：「事物本身如何並不重要，重要的是我們如何看待它們。」一個人如何思考事情，遠比事件本身更重要。

記住，思想是你自己的，它是你願望的僕人，「思想是原因，環境是結果。」如果不滿現在的環境，你就必須改變腦中的思想。

字眼是思想的符號

恰當地用字極具威力，每當我們用對了字眼，我們的精神和肉體都會有很大的轉變
——就在電光石火之間。——馬克・吐溫（Mark Twain）

當你咬一口檸檬時，檸檬汁會使你產生許多口水，你舌下的唾液腺便開始分泌兩種消化酵素：唾液澱粉酵素和麥芽糖酵素。

但是，如果你只是看見檸檬，或是在腦子裡想三次「檸檬」這個詞，又會發生什麼情形？同樣的，你的嘴巴會分泌唾液，也會產生消化酵素。

自然界再沒有比這種變化更神奇的了！假如你在聽到「我愛你」之後，內心猶如小鹿亂撞，你將發現言語力量的巨大。

此時，你的情感將轉化成腎上腺素分子，上衝至血液裡，喚醒心臟細胞外的感覺接受器，接著，你的心便開始狂跳，以表示愛的反應。

為什麼會有這些反應？我們的身體怎麼知道要對「愛」這個字，而不是「矮」、也不是「哀」做出心跳加快的回應呢？這個問題，連最高深的醫學、生物學、心理學也無法回答。

字眼是思想的符號，研究了「心理神經免疫學」（psychoneuroimmunology）之後，我越發相信字眼的確會對我們人體產生很大的影響。譬如癌症、心臟病、腎臟病等，當病人得知「病名」時，內心便會產生恐慌，甚至失去生存下去的意志，結果造成免疫系統失效，衍生出其他的併發症而加速死亡。

相反的，有些研究也發現，如果病人不因貼在他身上的「疾病標籤」而沮喪，那麼他的免疫系統便會大大地發揮治病的功效。

我們來看一下老吳的真實故事。

幾個星期來，老吳感到胸部不適、咳嗽，而且有點呼吸困難，吃藥也無多大改善，隨即住進大醫院接受檢查。結果診斷出有快速發展中的惡性腫瘤，主治大夫預測他只剩下一、兩個月的壽命。

這個悲傷、可怕、難以接受的壞消息，震撼了老吳和他的家人。得到「癌症」兩天後，老吳便開始惡化。他感到非常虛弱，體重迅速下降。他甚至無法離床，家人都認為，能夠度過這個星期已屬幸運。

沒想到醫院打來一通電話。一個帶著歉意的聲音告訴老吳的太太，老吳根本沒得癌症！那個很窘的聲音解釋說，是醫院報告弄混了。

獲知實情之後，老吳在二十四小時內立即離床。他的食慾恢復，疼痛也消失，而且行動自如。他的衰弱完全不見，留下的只有剛開始的症狀：咳嗽與呼吸困難。

愛默生曾經說過：「用刀解剖關鍵性的字，它會流血。」足見語言和文字是有生命的，它們具備了創造和毀損的能力。

種植在心田裡的思想種籽，一旦發芽成長就決定了命運。要在心田裡種植思想的力量就得靠語言。知道了這個原則，就能夠了解：語言能支配人類的命運。

好的聲音、好的思想、好的表情，就會創造出好的命運。出聲說好話，成為力量之後產生好的思想，好的思想再創造出好的表情。經常把這三種關係調整到最佳狀態，好的命運就會源源而來。

俗語說：「言語是心的畫像。」語言就是發出聲音，這個聲音一天少說也要講上幾百句到幾千句，不知不覺就影響到自己的情緒及心態。

有人喜歡罵人，或在背後說人家的壞話，可他沒想到，聽見的全是他自己。當口出惡言成為習慣後，經由自己的耳朵日以繼夜地聆聽、灌輸，久而久之，這種語言就成了心田的種籽，可能會為自己製造厄運的果實。

不斷使用什麼樣的字眼，就決定什麼樣的人生。如果你已確實了解字眼的力量，那麼從今以後就好好控制住自己在字眼上的使用。凡是會使情緒有負面反應的字眼都要改掉，代之能使情緒產生正面反應的字眼。因為，你的人生很可能就在你有心這麼做之下而全然改觀。

兩種態度，兩款人生

你的生活並非全數由生命所發生的事情來決定，而是由你自己面對生命的態度，與你的心靈看待事情的態度來決定。——米勒（John Homer Miller）

經過一天辛苦的工作，小劉覺得筋疲力竭。當他回到家裡時，電話鈴聲響起，原來是女朋友北上來看他。高興地掛上電話後，小劉剎那間忘記了剛奮鬥一天的疲勞，帶著興奮愉快的心情準備前往赴約。

這是怎麼回事？是什麼原因使一個人從極端疲憊轉變成神采飛揚？答案是我們對事情的態度。

威廉・詹姆斯（William James），這位全美國最受尊崇的心理學家曾說：「我的時代成就了一個最偉大的發現：人類可以藉著改變他們的態度，進而改變自己的人生！」

態度就像磁鐵，不論我們的思想是正面或負面，我們都受到它的牽引。而思想則像輪子，使我們朝特定的方向前進。

就某種意義來說，這即是老式的因果律：好的態度得到好的結果，不好的態度得到不好的結果。

有位太太請了個油漆匠到家裡粉刷牆壁。

油漆匠一走進門，看到她的丈夫雙目失明，頓時露出憐憫的眼光。可是男主人一向開朗樂觀，所以油漆匠在那裡工作了幾天，他們談得很投機；油漆匠也從未提起男主人的缺憾。

工作完畢，油漆匠取出帳單，那位太太發現比原先談妥的價錢打了一個很大的折扣。她問油漆匠：「怎麼少算這麼多呢？」

他回答說：「我跟妳先生在一起覺得很快樂，他對人生的態度，使我覺得自己的境況還不算最壞。所以減去的那一部分，就算是我對他的一點謝意，因為他使我不會把工作看得太苦！」

油漆匠對她丈夫的推崇，使她淌下眼淚，因為這位慷慨的油漆匠，自己只有一隻手……

兩個賣鞋的人到非洲開發新市場。

抵達三天後，第一個業務員發了一通電報回去：「下班飛機返國。沒法子賣鞋，這兒人人光腳。」但是第二位業務員兩週內什麼也沒說。後來公司接到第二位業務員的航空信：「成交五十件案子。有無數的準客戶，這兒沒有人穿鞋。」

同樣的狀況，就看自己如何去思想、如何去面對。

弗列德利・藍伯利基（Frederick Langbridge）說：「兩人自同樣的柵欄往外看；一人見到汙泥，而另一人卻見到星星。」火可以使牛油軟化、雞蛋變硬。成功者與失敗者之間最大的差別，就在他們用不同的態度來面對人生的難題。

哈佛大學在幾年前做過一個研究，證實了這個論點。研究結果發現，態度比聰明才智、教育、特殊才能、機運更重要。研究人員總結：人生中百分之八十五的成功都歸於態度，百分之十五則在能力。雖然，要將這些特徵以準確的百分比列出來是很困難的，不過，那些研究人類行為的專家都同意：一切成功的起點，是培養一個好的態度。

我們無法改變人生，但可以改變人生觀；我們無法改變環境，但可以改變心境；我們無法調整環境來完全適應自己的生活，但可以調整態度來適應一切的環境。

記得曾在《聯合報》上看到一段很有意思的座右銘：「你不能決定生命的長度，但可以控制它的寬度；你不能左右天氣，但可以改變心情；你不能改變容貌，但可以展現笑容；你不能控制他人，但可以掌控自己；你不能預知明天，但可以利用今天；你不能樣樣順利，但可以事事盡力。」這些話在你體會出真諦之後，方知價值無窮。

你的方向錯了嗎？

你是否在做自己最喜歡的工作？假如不是，快想點辦法吧。除非喜愛自己所做的事，否則永遠也無法成功。許多成功的人，在了解自己想做什麼之前，都曾經嘗試過好幾種工作。——戴爾・卡內基（Dale Carnegie）

工作的待遇，不只是收入的多寡而已，還包括環境的品質和發展的空間。工作會影響一個人的人生觀，它給你地位，使你在群體中占有一席之地；幫助其他人對你產生一種評價。相對的，你也被其他人的看法影響。你的工作會影響你對家庭和朋友的適應狀況，甚至全部的社會關係。如果工作調適不良，生活的剩餘部分也會遭到傳染。

身心俱疲最重要的原因之一，就是對工作的倦怠。根據統計，現代社會有百分之七十的人不滿意自己的工作，卻每天耗費三分之一以上的時間浸淫其中。

玉霞甫自大學畢業，她找了幾個月工作都沒結果，最後經親戚的介紹進入證券公司，但是她已悲觀地認定不適任這份工作而變得暴躁易怒。

四十歲的啟明總是悶悶不樂，他的公司已開始裁員了——他們稱之為「減肥」。他怕失去工作，付不起房貸和兒女的教育費，所以最近變得緊張兮兮。

正如前面的例子一樣，錯誤的工作會讓你神經緊張、暴躁易怒，更會引起身體上的疾病，反正對你是一無是處。為了你的健康，趕快換個工作吧！重新開始，就是最好的治療。

如果生活帶著你走向不想去的方向，那就轉個方向，重新出發吧！也許很難，可是如果等明天再開始，將會更不容易，因為那時離目標更遠了。

《戰國策》裡有個故事：

魏國大臣李梁對魏王說：「我來的時候，看見一個人駕車往北走，他說要去楚國。

「我說：『楚國在南方，為什麼往北走？』他說：『我的馬好。』

「我說：『馬雖好，可這不是去楚國的路啊？』他又說：『我的路費多。』「我說：『路費雖多，但這仍不是去楚國的路啊？』他又說：『我的車夫本領好。』其實，方向錯了，這幾個條件越好，就只會離楚國越遠。」

讓我這麼說吧！如果你從臺中往南開車，不論你開的是最豪華的轎車，或是最快速的跑車，都是無法到達臺北的。

不知你可曾注意過關在屋子裡的蒼蠅？牠會立刻去找尋光亮，因而不斷往窗戶衝，一次又一次地撞擊玻璃，往往可以撞上好幾個鐘頭。

你是否也看過有人這麼做呢？他們也有心想改變，就像蒼蠅一樣不斷往窗戶衝去，可是有效果嗎？如果你想穿過一扇關閉的窗戶到外面去，就算是碰破頭也不會成功的。最好是轉個方向吧！那隻想飛出屋子的蒼蠅唯一的機會便是往回飛，看能不能找到其他的出口。

閱讀偉人傳記，你會發現許多人都能重新起步，不只一次，是許多次。從孫中山到羅斯福，歷史上寫滿了那些先鋒者的豐功偉績。他們有勇氣斷然放棄不屬於他們的生活，另外開創出一番新事業。

一切都毀了，再重新開始。開始重組個人的生活，讓它更接近自己的理想。這就是許多功成名就者背後的故事。

在許多人眼裡，重新開始似乎是個危險的建議。但這是錯的，只有違反你的真實個性去做事，才是真正的危險，會破壞你的生活。如果工作讓你生病，就辭去它。如果它對你一點好處都沒有，那份工作再好又有什麼用？

只要你真心想做

人生注定於你做決定的那一刻。——安東尼・羅賓（Anthony Robbin）

「我們不是找出一條路來，便是另開一條路。」

人生最為要緊的因素便是「決定」。不妨想想看，你在人生中所遭逢的順境或逆境有哪個不是跟決定有關？就我看來，當你做出決定的那一刻，人生便已經注定了。

我一直堅信，決定我們人生的順逆不在於遭逢的環境，而在於我們決定要如何去面對。

在任何時刻裡，都有三個必須做決定的要素主宰著我們的人生，它決定了日後我們的成敗。這三個要素分別是：

一、你決定要怎麼看。

二、你決定要怎麼想。

三、你決定要怎麼做。

每一個決定都必須以現實為依據，而不是基於「它應該是」或「我希望它是」之類的觀念。

人生中沒有哪個人能不下錯決定，我本身也不例外，甚至還錯得不少。然而我並不會因此而不下決定。

別忘了，成功源自於正確的決定，正確的決定源自於經驗，而經驗又源自於錯誤的決定。

你是否做過錯誤的決定？

有位年輕人問銀行總裁：「請問您是怎麼會有今天的成就？」

「五個字。」

「哪五個字？」

「正確的決定。」

年輕人好奇地追問：「您是怎麼做出正確的決定？」

「兩個字——經驗。」

「您又如何取得經驗呢？」

「五個字。」總裁不疾不徐地回答，「錯誤的決定。」

成功的人也可能做過錯誤的決定。你問他：下錯決定怎麼辦？他會告訴你，他會照錯的決定去做，然後再下一個正確的決定來修正。

雖然，做任何決定都不是很簡單，但是做決定總比不做決定好得多。這就好像你走在大馬路中間，你一定要決定靠右邊走或靠左邊走。下錯決定還可以再修正，但是不做決定，就好像一直走在馬路中間，多危險啊！

當你心無定見時，絕不要求教於胸無大志的人，因為他只會叫你放棄。如果用失敗當理由，反對別人去做他要做的事——千萬別這麼做。你是個無法主宰自己命運的人也就罷了，至少你可以不要去介入別人的生活。

更何況，你實在沒理由無法主宰自己的命運。重新開始不難，難的是下決心。一旦決心下達，你會發現，前途似乎充滿好運道。知道自己要往哪裡去的人，總是福星高照。

套句尼采的話：「一個有強烈決心的人將無所不能。」改變不成通常不是能不能的問題，而是願不願意的問題。

如果你真心想這麼做，那麼就沒有什麼能夠難倒你。如果你不喜歡目前的個性，改變它；如果不喜歡目前的工作，換掉它；如果不喜歡目前的體能狀況，鍛鍊它。只要你對自己任何方面不滿意的話，都可以改變它。不過得先下定決心，這樣人生才能改變。

齊臣成覸就堯舜的言行向齊景公說：「彼大夫也，我丈夫也，吾何畏彼哉？」顏淵也說：「舜何人也，予何人也，有為者亦若是。」

舜是個賢者，而我們雖是個小老百姓，但只要下定決心，一樣可以成為像堯舜一般偉大的人。

我們將許多潛能白白浪費，只因我們未曾使用它，就好像電池放太久就會沒電，肌肉沒有用就會萎縮。而做決定的「肌肉」也是如此。

要知道你任何時候所做的決定，都可能改變自己整個人生。

如果你真希望有個多采多姿的人生，平時就得對人生抱著有所期待的態度。

記住，人生中的偶然，有時會成為一生方向的必然。

別讓過去的經驗影響你

只有擺脫成見、擺脫原來束縛自己的想法，我們才會有心胸開朗的感覺。——芭芭拉・華德（Barbara Ward）

一位演講人站在一群嗜酒者面前，決心向他們清楚地表明酒是生命之毒。

在講臺上擺著兩個相同盛有透明液體的容器，演講人聲明一個容器中盛有清水，另一個容器則裝了純酒精。他將一隻小蟲放入第一個容器，在大家的注視下，小蟲游動著，一直游到了容器邊上，然後逕自爬到玻璃上緣。這時他又抓起這隻小蟲，將它放入盛有酒精的容器，大家眼看著小蟲慢慢死掉了。

「好，」演講人說，「這其中寓意何在呢？」

從演講廳的後排傳來一個十分清晰的聲音：「我看出來，人要是喝酒，就絕不會長蟲子。」

每個人都根據自己的價值觀、偏見、信仰和經歷來解釋生活周遭所發生的事情，這些不合理的信念，往往影響了我們面對事情的態度。

讓我們看看一位建築商的故事吧！

他出生在窮困的家庭，五個兄弟中排行老么。家庭的經濟只夠餬口。如果需要一雙鞋，就得五角一毛地慢慢攢，等到存夠了錢，全家就浩浩蕩蕩上街去買雙鞋，給老大穿。

然後老二繼承老大的鞋，以此一一傳讓，等到老么的腳上去時，那雙鞋早已不成鞋樣，破爛不堪，像是從垃圾堆撿回來的。

小時候每回經過鞋店，他總是把鼻尖頂著櫥窗，眼淚沿著兩頰滾下來。後來他半工半讀上了大學，在同學面前，他總是扭著雙腳，不讓別人注意他的破鞋子。畢業後，他從工人、監工到建築商，他竄得非常快，成為一家大公司的董事長。

當他發覺自己是個有錢人之後，他在房子裡設計一只專門櫥櫃，裡面擺滿了各式的鞋子，每一雙都擦得乾乾淨淨的。對他而言，日進斗金只有一個意義：新鞋子。

有一名優秀的員工就是因為鞋子不雅而被解僱。建築商說：「這個人鞋後跟都磨破了。你知道嗎？我看人的第一步就是看他的鞋子。如果他的鞋子破破爛爛，那他一定也不怎麼樣。」

有一個小建商就看準這一點，見面時特別穿了一雙義大利進口的新鞋，結果建築商跟他簽了約。「說來好笑，」建築商說，「我知道他是個小人，可是他身上有種我喜歡的特點，所以我希望給他一個機會。」

鞋子代表了他所有的價值觀——這就是傑出建築商的盲點。說它是盲目、神經質，甚至愚昧的偏見都好。不管如何，我們每個人都有類似不合理的心態，可能是宗教偏見，也可能是感情的偏見。

我有個朋友宣稱他非常討厭嘴巴大的女人，原因是他以前離婚的太太就有一張血盆大口，經常跟他吵架。所以只要有嘴巴大的女人跟他交談，他就會莫名的不安，甚至焦躁起來。

倘若你停下來思考幾分鐘，你便明白這種事情經常發生。譬如你到百貨公司買衣服，店員使你想起一個以前跟你爭吵過的人——也許他的面貌或說話酷似你的情敵。那麼你可能會既挑剔又懷疑，而不會跟他買衣服。

可是，如果為你服務的店員，使你想起一位親密的朋友，你會感覺這個人好面善，因而對他親切多了。

人類的生活裡幾乎沒有單純的心念，因為只要一件新的事件發生，舊記憶馬上參與意見，提醒我們曾經遭遇過的壓力，因此心念變成了自我實現的預言：我們的反應總是和我們所預想的一樣。每一個發生的事件都免不了融合個人先入為主的「成見」，這正是心念霸道威力之所在。

鑽出牛角尖

與其擔心人們對你的評價，何不花時間去設法完成他們所欽佩的事情？——戴爾・卡內基（Dale Carnegie）

「為什麼我竟是如此的愚蠢呢？」一位年輕的女孩憤恨地對朋友說，「唉！我是多麼想留給他一個好印象。我費了很久的時間才挑好衣服，並詳細地想了我應該說的話。我也計畫了該做的事，本以為一切都會很順利地進行，結果卻被自己愚蠢地破壞了這一切。我想他一定認為我是個白癡。」

另一位婦女想，如果她穿露背裝，朋友會以什麼眼光看她，使她考慮再三。她想：「如果他們把我想成不正經的人，我就丟臉極了，我還是買別種款式，不要買這一種。」

你是否也把太多的時間，用於努力博取別人的贊同，或是對那些不贊同你的話耿耿於懷。如果別人的贊同在你的生活中成了一種「需要」，那你就該檢討了。

首先你要了解，尋求別人贊同是一種意願，而非一種需要。我們都喜歡掌聲、恭維和讚美。心理上受到安撫，總是很舒服的，誰願意放棄這些？的確，沒有必要放棄。事實上，受人贊同是一件樂事。贊同無罪，只有在成了一種「需要」而非想望時，才會陷入不可自拔的牛角尖。

一個名叫嘉興的年輕職員，老闆認為他笨頭笨腦，嘉興為此終日悶悶不樂。試想，如果嘉興根本不知道老闆認為他笨，他還會不快樂嗎？當然不會。他怎麼對不知道的事不開心呢？因此，他的老闆怎麼認為或怎麼不認為，都不會使他不快樂，是嘉興自己的想法使他不快樂。而且，嘉興認為別人怎麼想比他自己怎麼想重要，才是他不快樂的癥結所在。

無怪乎一位智者曾說：「你不應該在乎別人怎麼看待你，因為，如果你知道他們根本有口無心，你還會覺得自取其辱。」

人一生之中，面對不贊同的機會太多了。它是人生之必然，是人「活著」要繳的學費，絕對躲不掉的。

事實上，所謂「表現好壞」，只是別人的評語而已，不應與自我價值相混淆。如果把自我的價值和表現的標準相連在一起，便可能導致過分在乎他人的意見，結果便會懷著戒慎恐懼的態度去觀察別人的反應。這表示，你已經放棄了一部分的自己，把它交給一個不相干的「外人」。因為，如果他們不贊同你，你就鬱悶不樂，只有在他們給你一些稱讚時，你才覺得好過，那麼，你越是需要得到恭維，就越有可能受到別人的支配。相反的，如果你努力培養自我讚許，不為他人的意見所左右，你就會逐步擺脫他人的控制。

那麼，有什麼方法可以戰勝這種不安呢？

當然有，而且很容易，只要不想自己就夠了。你自我的感覺太重，簡單地說，就是你太愛想到你自己了。只要你一想到自己的樣子怎樣、應當說些什麼、猜想別人會怎樣想你，以及你是否留給他人好印象等等，你就會感覺不安。

戴爾・卡內基在其著作裡中肯地指出：只有一個人能治療你的羞赧不安，那便是你自己。我不曉得有什麼法子比「忘我」更好。當你感覺害羞、膽怯、局促不安時，立刻把心思放到別的事情上。如果正在講演，除了講題，一切都忘了吧，切莫在意別人對你和你的講演的觀感。

忘記自己，繼續前進。

走出恐懼的巢穴

我們的恐懼總較我們的危險多。——塞尼加（Seneca）

有一則家喻戶曉的故事。小孩與蛇在一起，起初毫無懼怕之情，還想伸手去抓蛇，卻在母親的尖叫聲中學習了懼怕，從此小孩也開始怕蛇了。

我們常見許多怕貓、狗的母親，亦有一群怕貓、狗的孩子，這不是遺傳的結果，而是後天造成的。一九二〇年心理學家華特森（Watson）曾做過一項類似的實驗：小孩本來不怕白兔，卻因驚嚇聲與白鼠的經驗而學習到懼怕之情，後來就連看到白鬍子也怕了起來。

古人云：「童言無忌」、「初生之犢不畏虎」，都說明了人在小時候並無懼怕的情緒，這些懼怕的情緒反應，是後天學習而來的。

預想是懼怕的來源，因為每個人的心裡都有一個世界——過去。

假如小時候曾經被狗咬過，那麼現在看到狗一定會害怕；如果你的父親曾經酗酒，那麼，你可能會根據自己痛苦的家庭經驗，來評斷一個有喝酒習慣的人不會擁有美滿的家庭；看到害怕的事物，就聯想起曾經驚嚇過的痛苦經驗；走在黑暗路上，就會聯想起童年被關在幽暗房裡的那種懼怕寂寞，或是聯想起鬼魅駭人的靈異故事。

由於我們時常參與這個世界，以及這個世界所經歷的創痛，所以給自己製造無數的恐懼。

恐懼是一種全球性的消極心理，它到處壓迫著人們，只要是凡人，誰能無懼？最偉大、最勇敢的英雄也會誠實地告訴你，當他們在做那些英勇事蹟時，他們的心裡其實和你我一樣害怕。區別只在他們能克服恐懼——拒絕投降的召喚。

日本學者村石利夫在《突破人生危機》一書中談到一種現象：無論是日俄戰爭還是世界大戰期間，越是害怕中彈而蜷縮進戰壕裡的士兵，反而越容易被流彈擊中而喪命。

相反的，那些勇猛衝鋒的戰士，絕少被敵人的機關槍打中。所謂「貪生怕死則死，死裡求生必生」。這正好印證丹麥諺語所說的：「恐懼越甚，危險越近。」愛默生說得好，「他們征服那些認為他們有足夠力量征服的人。」又說，「做你所恐懼的事，則恐懼之死必然。」

當你面對恐懼，勇往直前，害怕自然縮小而不見，但是你逃避的話，它不消反長，直到完全控制你的生活。

怠惰造成疑惑和恐懼，行動則產生信心和勇氣。若想要克服恐懼，就不要坐在家裡空想，出門去使自己忙碌起來吧！消除恐懼的最好辦法，就是「去做你所害怕的事」。

古印度寓言中有一則關於老鼠的故事。這隻老鼠和其他的老鼠一樣很怕貓。有一個巫師為牠難過，願意提供幫助，解除牠的恐懼。在這隻老鼠的同意下，巫師將牠變成了一隻貓。然而這隻貓又怕狗，因此巫師又將牠變成了一隻狗。可是這隻狗又怕老虎，於是巫師就再把牠變成一隻老虎。

當這巫師發現這隻老虎又怕獵人，就厭惡地叫了起來：「你真是毫無希望！你所需要的是改變你的心！需要一顆新的心，這一點我可幫不了你！」

同樣的，人也需要一顆新的心，是必須改變內在的心。很多事情，你現在覺得害怕，但是一旦你面對它，並駕馭它以後，它很可能變成你最喜歡的事。在開始學溜冰的時候，你可能一看到溜冰鞋就全身發軟，可是一旦你克服恐懼，學會溜冰以後，你會後悔為什麼不早點學會溜冰。

有時候，我們必須假裝自己能一無所懼。美國第二十六任總統羅斯福曾說過：「很多事我起初都很害怕，可是我假裝不害怕地去做，慢慢的，我真的不害怕了。」

你也可以用這種克服恐懼的妙方。只要你表現得好像勇氣十足，你便會開始勇敢起來；若這樣持續得夠久，佯裝就變成了真實，在不知不覺中，成為真正無懼的勇者。

威廉・詹姆斯也同意地指出：「感覺勇敢，表現得好像很勇敢，以意志力來達成這個目標，勇氣便可以取代恐懼。」小孩在暗夜裡走過墓地時，放聲高歌，為的是要壯膽。通常，他就這樣克服了行走在黑暗中的恐懼，因為他唱出了自己的勇氣。

相信自己能，便會攻無不克。除非每日至少能凌越一個恐懼，否則休想走遠。

將憂慮出清存貨

守則第一條：「不要為小事擔憂。」守則第二條：「什麼都是小事。」如果你鬥不過也逃不掉，就順其自然。——羅伯特・艾略特醫生（Dr. Robert S. Eliot）

「憂慮是無濟於事的，它只會在同一個地方打轉，然後回到起點。」

記得猶太有句諺語：「只有一種憂慮是正確的：為憂慮太多而憂慮。」說得一點都不錯。當你對於一件事情感到焦慮時，你應該知道，你所憂慮的事情可能發生，也可能不發生。就只有這兩種可能。

這是很簡單的事實，你的憂慮並不會造成任何影響或改變，不是嗎？一旦情況如同你所憂慮的一樣發生了，那麼憂慮只會減少你應付情況的能力。

亞瑟・史馬斯・洛克（Arthur Somers Roche）說：「憂慮是流過心頭那條匯集恐懼的小溪。如果水流增加，它就會變成帶動所有思緒的河川。」

的確，憂愁是會自我增強的。我們可以藉著經驗老到的馴馬師，觀察馬群受驚時，會因驚慌增強而奔跑，而得到明證。當馬群湊巧拔腿而跑時，牠們也注意到大家跑了起來，便推想附近定有危險，於是跑得更快，便又以為危險更接近了，就更加拔蹄飛奔。

這種不合理的自我增強的連鎖關係，是由於一個人面對問題時，總是憂心忡忡之故。因為他們一直擔心嚴重的威脅可能即將臨頭，而這種可能性實在是太可怕了，就更有理由擔心了。以此類推，便是愁上加愁。正如荷蘭夫人（Lady Holland）所說的：「麻煩就像嬰兒一樣，有人照顧就越長越大。」

現在把你的焦慮存貨清查一番，看看它們當中有多少是沒有道理的。假如你對自己夠誠實，你將發現它們多半都是沒有根據的。

你還記得一年前所擔心的事情嗎？它們是如何解決的？你難道不是為了其中大部分的事，浪費了許多精力卻一無所獲？

馬克・吐溫（Mark Twain）對此就中肯地說：「我已老邁，也知道很多麻煩事，卻很少真的發生過。」憂慮就像一個根本不存在的債務，但我們卻事先支付了利息。

如果你有憂慮的毛病，最好的方法就是「見招拆招」。以下簡單的四部曲曾幫助很多人解除憂慮，非常有效。

首先，清楚地寫下你的憂慮處境，對待問題不能先入為主或存有偏見，應澈底了解事件的起因和經過。

哥倫比亞大學的赫克斯（Herbert Hawkes）教授說：「有一半的憂慮是由於一知半解就做出決定所造成的。」所以，解決難題一定要先了解難題存在的原因，否則無從下手。

第二步，問自己：「這件事情發生的機率究竟有多少？」、「可能發生的最惡劣情況是什麼？」通常你會發現，事情不可能壞到那樣，你只要定義清楚，並把後果考慮一遍，往往就能夠降低問題所帶來的壓力與害怕。

第三步，既然你已做作了最壞打算，就要想著如果真的發生了，就只有接受它。一旦你決心「接受這種結局」，那麼，剩下來的便沒有什麼好擔心的了。

第四步，立刻想辦法讓事情不要惡化，然後平靜地改善最惡劣的情況。

許多專家建議每天撥出半小時作為「憂慮時間」，只是千萬別把憂慮時間排在就寢前一小時內。當你因為憂慮而無法專心工作時，就告訴自己待會兒有半小時可以好好操心。到了「憂慮時間」，如果已經忘了那些事，就表示那個問題不值得擔心。

曾經與愛迪生一起工作的大作家拿破崙・希爾（Napoleon Hill）便將自己的憂慮時間安排在星期五的下午。如果他在星期一或星期二發現了不安的情緒，便將其寫下，安排到星期五下午去想它們。而真正到了星期五，所有的不安往往奇蹟般地不復存在，它們全都自己有了答案。

如果你學過游泳的話，你會記得最初總是在水中胡亂拍打、掙扎，即使你努力學習，但似乎沒有什麼成就。然後，忽然之間你放鬆自己，「我懂了！」你叫出來，「我學會游泳了！」當你學會讓自己在精神上放鬆時，情況就會是如此。「我懂了！」你會說，「我能夠在人生之海中無憂無慮地游泳了！」

你不可能逃避一些人生的苦惱。有句俗話說：「人之一生，總有下雨的時候。」儘管如此，你也不必在豔陽高照時就打起雨傘，對嗎？

內疚是沒有用的

我們不應該往後看，除非是要從過去的錯誤中獲取有用的教訓，並由昂貴的代價所買到的經驗裡得到裨益。——喬治・華盛頓（George Washington）

幾年前，某教區有兩位年長女性在同一個星期內去世，教士分別去探訪兩家親屬。在第一個家庭中，死者的兒子說：「我覺得母親過世是我的錯。我應該堅持送她去醫院的，才不致延誤病情。我堅持的話，她今天一定還活著。」

之後教士去第二家慰問。那一家的兒子也說：「我覺得母親去世是我的錯，要是我沒有堅持送她去醫院就好了。一連串的檢查、治療，環境又無法適應，她吃不消。」

內疚是我們文化中最普遍的苦惱。我發現許多人常不知不覺陷入內疚的情緒當中，有的內疚當年對先生不夠好，所以先生病倒；有的內疚太專注於工作，以至於孩子疏於照料；也有的內疚當年沒聽父母的話，導致……。

隨時隨地去觀察你所遇到的每一個人，均可見到內疚的實例。世界上有太多人集中注意力於過去的事，他們對已做或已說過的事感到頹喪或懊惱，使「現在」完全被對過去行為的感覺所霸占。

心理學家洛易·鮑枚斯特的研究發現，一般人每天自責的時間總計約為兩小時，其中三十九分是中度至嚴重愧疚。

為什麼我們會接受長期以來社會文化不斷散播的內疚訊息？多半是因為，如果你不感覺內疚，就會被人家認為你很「壞」、不近人情，這都與「在乎」有關。若你真的在乎某人或某事，你就應該為你所做、不得宜的事感到內疚。這就好像在乞丐的缽中投入一角，好為自己贖回十分錢的罪孽。以內疚來彌補過去的錯誤，換取良心的平安。

內疚是沒有用的。安諾德說：「悔恨之於人，猶如爛泥之於豬，唯一的用處，只是在裡面折騰。」

為從前的過錯悔恨、自責無濟於事，意志薄弱的人才會這麼做，悔恨內疚有時被用來當作裹足不前的藉口，大部分人都犯過這種愚蠢的錯誤。講得更直接一點，內疚是在浪費你的情緒精力，也是浪費生命。為什麼？因為內疚不只是關心過去，而是因過去的事影響現在，更重要的是，任何內疚都不能改變既定的事實。

希臘詩人荷馬說：「過去的事已經過去，過去的無法挽回。」不要追尋凋落的花，不要緬懷過去，要想一想現在該做什麼，應朝向希望前進，以新的想法面對挑戰。

由過去的錯誤中學到教訓，而且絕不重蹈覆轍是一種反省，是健全而必要的成長歷程。內疚是不健康的，因為你毫無意義地把現在的精力，耗在對以前的事感到悔恨、不安以及沮喪上面。這是沒有用的。

記住，為去年的收穫澆水是一無所獲的。無論你對過去感到如何慚愧，內疚本身不會改變任何事物。過去的事情已經過去，我們應該吸取過去的經驗教訓，以修正自己的行為方式。

美芳從事護理工作，常因自己不能多陪伴兩歲女兒而覺得愧疚。但後來她學會了寬恕自己，知道自己已盡力而為。

「我盡我所能多找機會和孩子一同娛樂、一起歡笑，親她的臉頰，經常跟她眼神交流，這些都是我生活中最要緊的事。只要能做到這些，其餘的我可以原諒自己。」美芳愉快地說。

再如阿明，他是一位忙碌的仲介商，從早到晚，幾乎所有的時間都投入了工作。他年邁雙親住的地方，離他的家只有一小時的路程。阿明非常清楚自己的父母是多麼樂於見到他和全家團聚。但他總是以工作為重，很少到父母那裡去，跟父母親的關係自然漸行漸遠。不料，他的父親去世了，阿明好幾個月都陷入內疚之中，回想起父親曾為自己做過的所有事情，懊惱自己在父親有生之年未能盡孝心。

在悲痛平定下來後，阿明意識到，再大的內疚也無法使父親死而復生。認識到自己的過錯之後，他改變了以往的做法，常常帶著妻兒去看望母親，並與母親保持密切聯繫。漸漸的，母親終於追回逝去已久的歡樂。

古人說：「往者不可諫，來者猶可追。」過去的就算了，唯有把握現在才是明智之舉。

危機中蘊藏步步活棋

Crisis具有雙重意思，一是危險，一是機會。——約翰・甘迺迪（John F. Kennedy）

在聖路易博覽會的眾多攤位中，有一位先生租了一個亭子賣冰淇淋，另有一名男子則租攤位賣熱雞蛋餅。博覽會舉行期間，遊客人潮洶湧，他們的生意都好得不得了。

有一天，生意特別好，雞蛋餅攤位的紙盤用完了，但是，在整個博覽會場裡，竟然沒有人願意把紙盤子賣給他，這使他十分生氣。

冰淇淋攤老闆對其同伴的困境，似乎感到幸災樂禍。他說：「我看，你還是來幫我賣冰淇淋吧！」

雞蛋餅老闆接受了這項提議。他以折扣價格向冰淇淋攤位買進冰淇淋，再轉手賣出。

雞蛋餅老闆希望以出售冰淇淋的低利潤來彌補一部分損失。他最大的困擾，是要如何處理那些剩下的雞蛋餅原料？突然間靈光一現，一個念頭閃過腦中。他以前為什麼沒有想到呢？他確信這樣做一定有效。

雞蛋餅老闆在妻子的協助下，做了一千個雞蛋餅，並用一塊鐵片把它們壓扁。然後，趁著雞蛋餅還熱的時候，把這些餅片捲成圓錐狀。

第二天不到中午，他就把冰淇淋全部賣完，當然，一千張雞蛋餅也全賣光了。由於他遭到紙盤子賣完的挫折，結果反而使他發明了「冰淇淋甜筒」！

如果需要是發明之母，那麼挫折便是學習之父。在我們打開心胸，接受新觀念和行事方法之前，無一不是經過挫折和壓力的階段，方能到達成功的峰頂。困難經常意味著優勢或轉機，甚至是隱藏著的好運。

「危機」是由兩個字構成的，其中的「機」就有機會的意思。也就是危險裡面有機會，機會裡面帶有危險。從某一個角度來看，你可以說它是百分之百的危險；但是從另一個角度來看，也可以發現其中蘊藏著步步活棋，有無限的契機在裡頭。

曾經有一位畫家提及他喜好山水、田園的畫作，是因為在他成長過程中，遇見許多「不幸的遭遇」，讓他成為一位傑出的畫家。

一位學者則因誤判學生作文，遭到全書院的恥笑。於是他奮力致學，編成一部三百多萬字的大型詞書，名揚四海。很明顯的，當時的傷害經過多年的歲月，反而成為生命的「轉捩點」。

下面是美國最偉大的詩人之一，哈柏格的故事。他一直在寫些幽默、輕快的詩歌，不過他的本行是從商，而且做得有聲有色，直到一九二九年發生經濟恐慌。在等待景氣復甦的同時，他決定投資他的嗜好。他替一場表演寫了幾首歌，結果非常成功。他因為做了自己喜歡的事，而功成名就。許多在經濟大恐慌中幾乎喪失一切的人，卻創造出他們新的人生。

「失敗」的母體中，實孕育「成功」的胎兒，而且失之東隅，往往收之桑榆。例如，近代海程學上海洋潮流方向的測得，其經過亦是如此。

一八五一年，由加拿大運輸木材至紐約的船舶，嘗試使用一種新的搬運法。他們把木材用鐵鉤錨鎖扣牢成木筏，放置於海面曳之而行。不料，海上突起颶風，鐵鉤斷裂，全部木材流散不知去向。

華盛頓航測局接獲報告後即電請各國航船，注意發現漂流木材的位置和日期，並做成報告寄來。據發現的位置，有的在大西洋，有的在南洋或地中海，日期或在數星期之後，或數月不等。航測局在精密的統計之下，就木材漂流的蹤跡製成圖表，遂測得海洋潮流的方向，在人類航海史上立下一塊里程碑。

約翰・洛克斐勒曾說：「我總設法把每一樁不幸，化為一次機會。」

英國細菌學家亞力山大・弗萊明爵士在他倫敦的實驗室主持一個細菌實驗，不幸有些黴菌跑進培養皿裡把細菌殺死，實驗也做不成了。

當他正想把培養皿丟掉，重新來過時，他注意到殺死細菌的黴菌，便開始投入黴菌研究，結果發現了盤尼西林，不但獲得了諾貝爾醫學獎，並且在二次世界大戰期間救了數百萬人的性命。

記住，一扇門關上，另一扇門就會打開。正如一位詩人所說：「每個從黑夜走來的明天，都將會升起新的太陽。」不是嗎？

笑紋比皺紋重要

如果你不知道自己的年紀有多大，你又會有多老呢？——雷洛伊・佩奇（Leroy Paige）

在人生的道路上，我們不斷從長輩身上學到許多事。其中最讓我們印象深刻的，就是那些不怎麼注意自己年齡的人。他們在心中一直保持年輕，生活充滿著熱忱，就像剛出生一樣，每天都是個嶄新的經驗。

這些人教導我們看鏡子時，集中焦點去看笑紋比看皺紋重要；他們教我們不要只將焦點放在自己身上，即使當他們的身體不適，仍然覺得自己生氣蓬勃而且強壯，對生活充滿著興致。

近三十年來，上百種研究結果證實了人的老化不是必然的，而是因人而異的。

心理健康的人教導他們的身體永遠保持年輕，而憂鬱沮喪的人則教導他們的身體快速老化。由於心理會影響身體裡的每一個細胞，老化現象便呈現出多變的情況。一個五十歲的人可能和二十五歲的時候差不多健康，也可能有六、七十歲的老態。

人的衰老是很個人化的過程。當一個老婦人正在回憶她的初戀時，她的表情和聲音可以立刻回到十八歲；反之，一個中年人聽到了至愛的妻子死去的消息，可能在數週內便步入孤寂的風燭殘年，垂垂老矣！

西方有一句格言：「信念創造生理。」這真是關於老化的最佳註解！在每一個人的心裡都隱藏著一種心念：「我一定會變老！」就是這套「心念」，創造了所有老化的生理現象。我們承襲前人的觀念，相信肉體終必腐朽，人注定逃不過生老病死的命運，這股信念的強大力量說服了我們的身體，執行老化的任務。

數千年前，一位偉大的印度聖者山卡拉（Shankara）曾說：「人會老、會死，是因為他們看到別人老、死。」老化這種物理現象似乎全世界一致，而且不可避免。由於人們相信拒絕生理的改變是不可能的事，便很難想像，衰老其實是一種經由學習而獲得的行為。

「老」存乎於心，我相信今天你尚未步入老年，但你現在對自己身體的感覺與態度，都會影響到三、四十年後的你。現在你的身體狀況，是在臉上出現第一條皺紋之前就種下了前因。醫學證明，許多老人病，像心臟病、高血壓和動脈硬化，病因可以追溯到十歲時身體組織所發生的極細微變化。

我曾問過一位八十幾歲仍然十分硬朗的老先生：「你為什麼能活這麼久，又這麼健康？」

他不假思索地回答：「我每天都努力工作，忙得沒有時間變老。」

這一點又再次說明了我們應該用年輕的態度來創造人生。富蘭克林（**Banjamin Franklin**）說：「所有人都可能活得長，卻沒有一個能稱得上老。」多麼真實的話！保持年輕的祕訣，就是透過孩子的眼睛來看世界，找出藏在我們每個人身體裡的童心。

只要你我能夠以一個孩子的眼睛，來觀看這個世界上美好的事物，那麼，我們就永遠不會感到衰老。只要你永遠保持一顆赤子之心，便會發現周圍的天地多麼令人著迷。

做你自己

做你自己，誰又能比你更有資格呢？——法蘭克・吉柏林二世（Frank J. Giblin II）

電話鈴聲響起，淑君拿起電話，聽到她朋友阿霞的聲音：「淑君，我下午要加班，能否請妳幫我照顧孩子，拜託啦！」

「沒問題。他現在在哪裡？OK。放學的時候我會到學校接他。」但是在淑君的心中浮起另一段對話，「我真受不了她，總是要我幫她照顧小孩，當我是誰，保母嗎？我本來今天想去逛街的，真討厭！」

這情節不光是發生在女人身上，男人也一樣。要拒絕別人總是很困難的，例如，上司對你說：「你是否可以幫個忙？」能拒絕嗎？此外，許多人也很難拒絕朋友勸酒或借錢，就像淑君一樣，很難向別人說「不」。

你是否也聽過類似的故事？出國時，別人託買東西，不好意思拒絕，結果買得不合對方心意，只好自己認賠了事；別人向你借錢，承諾一個月還，不好意思拒絕，結果錢沒了，友情也毀了……。

學會說「不」，而不要貿然就說「好的」。事前拒絕，要比事後後悔好得多。絕不能因為不好意思，而失去原則，末了，騎虎難下的卻是自己。

十九世紀末新浪漫主義代表，《金銀島》的作者羅勃・路易斯・史蒂文生（Robert Louis Stevenson）曾說：「做我們自己，並盡其所能地發揮自我，是生命唯一的目的。」

做你自己，不要做別人希望中的你。如果你不斷試圖取悅他人，那麼你將失去自己的個性，而把自己的人生搞成一種永無止境的任務，甚至受到別人的支配；如果你把別人的想法或者意見看得比自己更重要，其結果也會同上述一樣。其中只有挫折與失望，很難有快樂。

一個人的特質，是有能力在別人選擇愚昧的決定時，選擇自我的實現。莎士比亞在《哈姆雷特》一劇中，讓劇中人洛克牛斯說：「這是最重要的。誠實對待你自己，而且一定要確實遵行，就像是黑夜跟著白天一般。如此一來，你就不會對任何人虛偽了。」

莎士比亞並不是說，愛做什麼，就做什麼。他真正的意思是，當你在羅馬時，你不一定要模仿羅馬人。做你自己的主人吧！人乃天地之過客，至少這短暫的旅程，要使自己快活些。

看看世事，明白地說，沒有誰總是使周圍的每一個人滿意。假如你能取悅百分之五十的人，已經相當成功了。你知道嗎？在這個世界裡，至少有半數的人不同意你所說的話。即使是總統大選「壓倒性」的勝利，還是有百分之五十的選民反對那個勝利者。

記住，你並不是為了符合別人的期望才活在這世界上的，你沒有責任讓別人快樂，別人會使他們自己快樂。別忘了，在必要的時候說「不」，在願意的時候說「是」。你不必感到抱歉，也不必為別人改變決定。有了這樣的認識，你就可以開始新的視野，不至於被別人牽著鼻子走。即使是不被認同，也要提醒自己：你只是碰上了百分之五十不認同的人之中的一個罷了！

除了你之外，沒有人能控制你的感覺。

你還在抱怨？

不要為你所沒有的抱怨，要珍惜你所擁有的。——朱德（H. Stanley Judd）

你一天抱怨幾次？

德國悲觀主義哲學家叔本華曾說過一句並不悲觀的話：「我們很少去想已經有的東西，卻念念不忘得不到的東西。」

這句話足以發人深省。

富蘭克林也曾感慨地說：「我們從來不會珍惜水的價值，直到井枯乾了，才發現它的可貴。」這是真的，在許多其他的事情上也是如此。假如我們從來不缺乏衣食、關愛、自由，我們就會把這些視為平常，而不會去珍惜。

有時候，「缺乏」可以成為一個偉大的老師。里根貝克是一位著名的飛行員，在第一次世界大戰時，不幸在太平洋上墜海，在救生筏上漂流了二十一天，後來獲救，有人問他從中學到了什麼。他說：「從這次經驗裡，我學到最大的功課就是，假如你有足夠的水喝，有足夠的食物吃，你就不應該抱怨。」可惜，我們都為雞毛蒜皮的小事抱怨不休，甚至養成了一種習慣。

「怨」，是中國人對待最親密的人時，最容易產生的神經質情緒。怨尤有時是付出感情過重而無以回報時，所產生的一種潛意識的諉過行為，用意即在求得無法回報的解脫。

「愛者憎之始也，德者怨之本也。」這是距今兩千多年前《管子》一書中的名言。為什麼愛是恨的開始，德是怨的根本呢？書中認為，這是因為人們期待回報，也就是懷著欲望所致。

心懷這種情緒的人，一旦抱怨起所遭遇的障礙，總是誇大其詞。出了問題，他習慣性地埋怨身邊的人：妻子、孩子、朋友、同事。他們的抱怨常勝過感謝，把注意力集中在人生的錯誤上，抱怨沒有人了解他、抱怨別人對不起他、抱怨服務差勁、抱怨事情一大堆……。

你是不是過於保護自己，以至於忘了別人也有對的時候？

富蘭克林說：「任何愚人都會批評、指責和抱怨——而且大多數的愚人正是這麼做。」

抱怨是沒有用的，它會阻礙你有效率地生活，導致你自怨自艾，更重要的是它是所有負面情緒的根源。我們的負面情緒，有百分之九十九來自對別人的抱怨、對事情的不滿意。只要你肯立即停止抱怨，就像拔掉聖誕樹的燈源，所有的閃爍立刻停止，那些負面的情緒自然也立刻切斷。

抱怨是沒有自信者的避難所。自信是往前看，永遠注意未來；抱怨是往後看，注意過去的不愉快，認定某些人做了不該做的事。

記得有一句話：「悲哀總愛找人作伴。」許多人之所以對自己的生活抱怨不休，主要是因為在潛意識裡，希望把我們拉到與他們相同的悲哀境地去。

我們要常在心裡問一個重要的問題，我在解決問題嗎？或是我已成為問題的一部分？如果你老是怨天尤人，抱怨時運不濟，那是因為你自己就是問題本身。要解決問題，只有先改變自己。

下回當你參加朋友的聚會時，可以嘗試下面的做法。記下彼此交談之中有多少是在抱怨？從自己到別人，從孩子到家庭、身體、工作、物價波動等等。

等聚會結束，各自返家之後再問問自己：「今晚一大堆牢騷抱怨之中，有哪些是有益的？」、「誰真正能解決今晚我們所說的那一大堆問題？」那麼，下一次你的抱怨發作前，記住那些無意識的談話，你將有所警惕。

找到敵意的來源

想結冤家，就凌駕於朋友之上；想交朋友，則讓朋友凌駕於你之上。——羅謝福果（Francois de la Rochefoucauld）

老馬是工廠經理。因為家庭問題，上班時情緒暴躁。他到辦公室後，發現昨天交付的貨還沒送出，就找來助理小周，罵道：「你真是辦事不牢靠，為什麼昨天不出貨呢？」

小周也不悅地回答：「這不能怪我，我事情太多了。」

老馬更生氣了，因為小周的辯駁等於是說他的責怪無理。老馬說：「你少跟我強辯。我告訴你怎麼做，你就怎麼做，不要跟我強詞奪理。」

小周當然更惱怒了。如果繼續下去，眼看一場戰爭就要上場。

如果問老馬為什麼跟小周爭吵，他的回答是：「是他先跟我衝突的。」一個人變得有敵意，都是源自別人對他的行為和態度。小周不受人尊重的時候，也會產生敵意。可是，老馬只關注到自己的尊嚴，無視於對方也有同樣的需求，這就是問題所在。

在任何與自尊扯上關係的問題中，敵意很容易被激起。鄙視別人的人，其實自己自卑感很重，責備別人，只是他無法自制的反應。我們每一個人懷恨的起源，都是他人的態度和言行，因而用辱罵、毀謗來宣洩敵意的情緒反應。

敵意的程度如何，則決定於我們當時所感到的自卑程度。留意一下，剛有一番成就時，你會變得多麼親切、善解人意、不自私；而失敗之後，你又是多麼容易惱怒。一個人在挫折失意、自尊降低時，即使孩子不吃飯也會大發雷霆。然而同樣的事情發生在順利的一天時，他會懷著令人欽佩的耐心，輕聲說：「乖，爸爸餵你吃飯好不好？」

認清一個人說話背後的事實是最重要的。以三輛車的連環車禍為例，大家就容易了解這個道理。如果你的車尾突遭撞擊，你當然會怒氣沖天。可是當你知道，第三輛車撞他，才使得他撞上你，你又會如何？你的敵意當然會消散。你必須了解，有人給你壞臉色，那一定是他在別人那兒受到打擊。不要著眼於他現在的表現而責怪他，因為他的行為是由他的遭遇來決定的。

不管什麼時候，如果有人對你表示輕蔑、妄自尊大、敵意，就想一想，是什麼人或什麼事煩擾了他。不論那分激惱有多強，也不論那個人看來多麼可憎，為什麼不讓他到別處去製造他的事故呢？你對於推動每一個人行為的力量有所了解後，就會比較釋懷，也因而比較沒有敵意。

奧里留斯（Marcus Aurelius）是羅馬大帝國諸王中最聰明能幹的一個，有一次他在筆記中寫道：「我要去見一些只會喋喋不休、自私、自大且傲慢無禮的人。不過我並不以為意，因為我想不起有哪一個場合中沒有這類的人物！」

不愉快的種類林林總總，了解敵意的緣由之後，我們就能清除對可惡的人所生出的責怪之心。試著同情這些人，這樣一來，我們既可維持自己內心的平衡，也可避免把別人的問題攬到自己的身上。

愛因斯坦回答同時期另一位科學家問他的問題：為什麼人已經解決了這麼

多物理問題，卻解決不了人際關係的問題？他說：「物理很單純，人際關係很複雜。」

其實，決定人際關係的法則和物理一樣單純、有規則。你只要從克服敵意的真正來源——自卑，來減低敵意。自卑克服了多少，敵意也相對減低了多少。

放下憤怒的利劍

發怒都是有理由的，卻很少有好理由。——班哲明・富蘭克林（Benjamin Franklin）

可還記得伊索寓言中那段小故事？北風和太陽爭論誰的力量大。風說：「你看到下面那個旅行者嗎？我可以比你更快讓他把外衣脫下來。」

於是太陽躲到雲後面去，讓風吹起一陣狂風。但是，風越是吹得厲害，旅行者越是緊緊把外衣裹在身上。

最後，風只好認輸了。接著太陽從雲後面出來，對著旅行者露出愉快的笑容。沒過多久，這位旅行者汗流浹背，很快就把外衣脫下來了。這個故事寓意了「溫和的說服」往往比「粗暴的力量」來得有效。

一個退休老人在鄉間買下一座宅院，打算安養餘年。第一個禮拜很安靜，然後有三個年輕人開始在附近踢所有的垃圾桶。

這個老人受不了他們發出的聲音，出去跟他們談判。

「你們幾個年輕人玩得很開心。」他溫和地說，「我喜歡看你們這樣表達歡樂之情。我年輕的時候也常常做這樣的事。你們能不能幫我一個忙？如果你們每天過來踢垃圾桶，我就給你們一塊錢。」

這三個年輕人很高興，他們使勁地踢所有的垃圾桶。隔幾天，這個老人帶著愁容去找他們。「通貨膨脹減少了我的收入，」他說，「從現在起，我只能付給你們每人五毛錢了。」

這幾個製造噪音的人不大開心，但還是接受老人的錢，每天下午繼續踢垃圾桶。一個禮拜後，老人再去找他們。「瞧，」他說，「我最近沒收到養老金支票，所以，每天只能給你們兩角五分。成嗎？」

「只有區區兩角五分？」一個年輕人大叫，「你以為我們會為了區區兩角五分浪費我們的時間在這裡踢垃圾桶？不成，我們不幹了！」

從此以後，這個老人就過著安靜愉快的日子。

美國馬琴力總統某次在一個本來可以發怒的情形中抑制自己的憤怒，也是很好的例子。

有幾位代表，因總統指派某人為收稅的經紀人而來抗議。其中的領袖是一個議員，一八七公分，脾氣很粗暴。

他用憤怒的口氣罵著總統，差不多是一種侮辱的言詞。但是總統毫不作聲，任他耗盡他的精力。然後總統很平和地說，「現在你覺得好些了嗎？」然後接著說，「照你所說的這種言詞，你實在是無權曉得我何以要指派某人，不過我還是告訴你。」

那議員的臉馬上紅了，想道歉，但是總統又以笑臉說：「任何人如果不曉得事實，總是容易發狂的。」然後才解釋其中的事實。

馬琴力總統這種冷靜的答覆，就足以使這位議員覺得自己用這種粗魯的言語是錯的，而這次的指派或許是對的。總統如此聰明應對，使那位議員根本無所施其力。

史蒂文・波蘭（Stephen Polan）就曾告誡：「不要成為胡亂生氣的人。到處都有特別著眼這些的人。如果你生氣，別人會更注意你的怒氣，而不是你的問題。」

在《希伯來法典》上銘刻著：「人憤怒的時候，就會犯錯。」

《新約聖經》腓利門書（Philemon）寫道：「當人憤怒時，都是瘋狂的。」

十六世紀最偉大的醫生之一卡達諾說：「人懷敵意的時候，就愚昧昏庸。」

不論什麼時候，只要敵意插上一腳，記憶、專注力和判斷都會受損。平日機靈、睿智的主管會造成愚昧的錯誤；一個明理、慈愛的母親會失去理智，說出、做出不利於先生孩子的言行，過後又難過後悔。

憤怒的後果，遠比它的原因更令人擔心。曾是重量級拳擊冠軍的包伯・費次門斯常常告訴他的弟子們：「盡量出拳打擊對手的身體，可是不要跟他生氣。」他知道憤怒會干擾注意力和判斷力，往往令人做出魯莽衝動的事。

我們常聽說，生氣時，最好能從一數到十，這樣就能冷靜些。這個方法，源自美國第三任總統傑佛遜的名言：「生氣的時候，從『一』數到『十』。倘若仍憤怒不已，則數到『百』。」

試著延緩發怒。如果你正要發怒，試試看延緩十五秒，再以你一貫的方式爆發。下一次，試試延緩三十秒，不斷加長這個時間。一旦你開始能延緩發怒，就已經學會了控制。多加練習，最後就可以完全消除。

第二個辦法就是趨吉避凶，簡單說，就是三十六計走為上策。聽起來容易，做起來不易。離去，讓自己平靜地想清楚，也給對方獨處的時間，等到雙方火爆的情緒冷卻之後，再嘗試溝通。

暫時的離去，不是為了逃避，而是為了回來。

記住，雖然把氣發出來比悶在肚裡好，但根本沒有氣才是上上策。不要把生氣視為理所當然，內心就會有動機去努力消除它。

卸下憎恨的包袱

「我能原諒，但我不能忘記」，只是「我不能原諒」的另一種說法。原諒應像一張取消了的便條，一撕為二並且燒去，不再出現來責怪人。——亨利．華德．畢卻（Henry Word Beecher）

多年前，在加州大學聖塔巴巴拉分校，西藏精神領袖達賴喇嘛接受了一群孩子的訪問。

一位十五歲的女孩問達賴喇嘛可否告訴他們，誰是對他最有影響力的老師？

他帶著神祕的笑容說：「這答案會使你們驚訝。雖然在我的生命中，曾經歷過許多對我影響深遠的人和事，我卻要說，影響我最深的人，無疑是毛主席。由於我倆對西藏的未來持對立的意見，有很長一段時間的確遭到許多的苦難。但如果不是毛主席，我不會有機會真正學到容忍和寬恕。」多麼有智慧的話！

如果你靜下來想想，就會同意，生命中最艱難的經歷及最難纏的人，總讓你學到最多。我知道，要承認生活周遭的逆境帶給我們深遠的影響，是件相當不容易的事，但不可否認的，人總是要在遭遇困難時，才會去謀求解決之道，促使生命更有意義；也唯有接受和感激這些曾有過的教訓，才能使我們釋懷，從過去的痛楚中掙脫出來，給自己完全的自由。

憎恨源於過去不愉快的記憶，我們之所以要記住過去的傷痛，就是要努力防止自己再度受到傷害，但是一旦硬將過去加諸於現在，你便永遠無法抹去傷痛的威脅。

外在的世界反映出你內在的真實自我。你最愛的人以及你最恨的人，都是你內心世界的投射；你最厭惡的人事物，也就是你最討厭自己的那一部分；你最喜愛的人事物，也就是你希望自己具備的東西。將這種「反映」的關係當成一面鏡子，用它來指導你的心性，當你撫平敵對的情緒時，你的舊創也就自然痊癒。

「了解一切，就會寬容一切。」這句法國諺語的應用範圍很廣。譬如，我越了解人性的弱點，就越能體諒別人所犯的錯誤；我越認識社會競爭的本質，就越能心平氣和地看待自己的失意；我越知道自己厭惡的習性，就越能不受過去的傷痛所左右。明白事情的前因後果，並卸下憎恨的包袱，你會覺得輕鬆許多。

以下是一個練習：

首先，拿出紙筆，寫下你所想得到的、曾經傷害過你的人的姓名，然後依名單所列，念著名字回想發生過的事，說：「我原諒他所做的每一件事，現在我要忘掉它。」對每一個人你都重複說上兩三遍。全都念完後，把名單燒掉。

從那一刻起，每當你想起這些人、這些事，你要立刻取消負面的情緒，同時別忘了說：「我原諒他所做的每一件事，我已經原諒他所做的每一件事。」說完逕自去忙你的事，別再管它。

「原諒別人，才能釋放自己。」藉著寬恕，你釋放了牢裡的犯人，而那個犯人，可能就是你自己。一旦你終能讓往事過去，原諒一切，你的生命將會為你打開新局。

逃離嫉妒的地獄

嫉妒的發生，是緣於個人不會管理自己的事，卻又專愛做傷害人的事所導致。——培根（Francis Bacon）

一般人見到別人有成就，就會莫名其妙地燃起嫉妒之火。

法國大思想家盧梭曾說：「人除了希望自己幸福之外，還喜歡看到別人不幸。」

這句話不僅道出嫉妒的心理，對人類幸災樂禍的天性更是一針見血。嫉妒，莎士比亞稱之「綠眼怪獸」，就好像一隻蒼蠅飛過人的身體，不在健康的部位停留，卻偏向受傷而疼痛的部位碰撞。

嫉妒總是會在我們不自覺的情況下，擅自闖入生活裡，影響我們的一切。譬如，當你看見別人有成就，而且自認自己沒有能力達成時，你已經開始嫉妒了；或是當你專注於其他女人的標準身材，而憎恨自己的體型時，嫉妒便已進占你的內心了；或當你眼見別人的兒女事業有成，就指責他們沒有將家庭照顧好，那也是嫉妒在作祟。

說得更清楚些，嫉妒就是渴望得到屬於別人的東西，卻又氣自己沒有辦法擁有。

美國社會心理學家莫理・西爾弗聲稱，「我確信每個人都有過嫉妒的念頭，」他又說道，「人總是會拿別人來和自己比較，不管是工作、薪資，甚至每件事情，都是因為有嫉妒的念頭才會相比較。」

「為什麼要比較？」從小到大，生活就是一連串的比較。不僅父母教導我們要和兄弟姊妹、朋友、親戚或社會標準相比較，連大眾媒體也不斷灌輸這種觀念，甚至學校裡的學科測驗、考試成績、任何評量測驗，都需要人們相互比較，在這種影響下，嫉妒即在我們的心裡萌芽茁壯。

你可曾留意，得不到的東西往往是我們誤以為最棒的東西。就像兩條狗，即使各給牠們一根骨頭，牠們還是想要對方口中的那根骨頭。

但丁《神曲》的〈地獄篇〉裡，指稱嫉妒為七大原罪之一，僅次於驕傲，名列第二。嫉妒的罪人，必須遭受把上下眼瞼縫起來的懲罰，因為一旦你看不見自己沒有的東西，就不會產生嫉妒心。

不過，古羅馬諺語卻告訴我們，有嫉妒心的人，即使不用肉眼，也可看到內心貪求的東西。因此，貪婪的嫉妒，會錯誤驅使大家只注視渴求的事，卻忽視了成功之前的種種辛酸，以及要付出的代價。

英國詩人約翰・德萊敦（John Dryden）稱嫉妒是「心靈的病」。如果嫉妒妨礙你，造成情緒上的停滯，你就該訂下目標，去除這種浪費精神的想法。真正喜歡自己的人不會去嫉妒的。

總而言之，當察覺到內心的嫉妒時，你就比較能夠協助自己學習改變；當能從嫉妒裡懂得一些道理時，你就會明白嫉妒是每個人都會犯的毛病，因此你會比較容易過自己想要的日子，而且運用嫉妒來鼓勵自己向前邁進。當你滿意所擁有的一切時，你就能夠將心中的嫉妒轉換為愛。

這樣一來，看到別人也和你一樣承受著嫉妒的痛苦時，你反而會接近你嫉妒的人，不會竭力傷害對方與自己，因為你已經懂得「愛」的真諦。正如聖・奧古斯丁所述：「愛，使你擁有一切。」

最後我以一則故事做結尾，希望對讀者有所啟發。

一條街的兩邊各開著一間雜貨店，因為同行競爭劇烈，所以彼此仇恨很深。

後來其中一家的老闆成了基督徒。他去問牧師：「我現在仍會妒忌對面的老闆，不知該怎麼做，才能消除？」

牧師說：「有顧客上你店裡來買東西，假如你店中沒有，那你就叫這客人去對街店裡買。這樣一來，慢慢就會好轉的。」

那個老闆聽了點點頭，願意照辦。

過不了多久，對街店裡的老闆，碰到自己不能應付的顧客時，也把顧客介紹到他店裡來，從此兩個老闆就言歸於好了。

「批評」就像一隻狗

就連上帝，也沒打算在人類末日之前就審判人。——撒姆爾・詹森（Sumwel Johnson）

《法句經》中寫道：

「世上絕對沒有單單受人非難，或單單受人讚美的人；過去不曾有，現在不可能有，將來也不可能產生，這是亙古不變的事實。」

「沉默會受到非議，多嘴會受人指責，即使寡言也不能免於見責。所以，世上絕對不存在沒有被人非議過的人。」

觀察你自己與周遭的人，記下有多少人際交往用於批評。為什麼？因為談論別人做得如何，顯然比自己去做容易得多。世上真正的力行者沒有時間去批評別人，他們太忙，有太多事要做。他們會去幫助那些能力差的人，而不去批評他們。

詩人奧登（W. H. Auden）曾說：「人受惡意之作弄，必作惡以回報。」

如果你小時候經常被批評、受責難，長大後，你也會用同一方式與別人相處，許多父母就是以這種方式要求孩子做他們希望他做的事，許多老闆也經常以批評責備，作為控制員工的主要方法。

人們往往誤以為「基於好意才責罵」，卻不知這樣的行為正會把對方的自信摧毀，使人自慚形穢，他們自詡為「好意」，其實是給自己的行為找藉口：把錯誤和挫折的焦點從他自己身上移開。真正善意的批評是使人豁然開朗，將來做事更有能力才對，好意的批評不是為了報復，更不是出氣，它應該是為了幫助而不是傷害對方，否則就應該要完全避免才好。

我們每一個人，正如你所遇到每一個成功的人，都曾面臨過別人的批評。不論你從事何種行業，你越成功，就會遭受越多的批評。只有那些永無作為的人才能避免批評。你看，結實纍纍的樹木才會有人拿石頭去丟，死狗是沒有人會去踢的。

世人對佛祖的尊崇，曾引起一位弟子的不滿。有一次，那名弟子竟然當著釋迦牟尼的面謾罵他。

可是，不管他罵出多麼難聽的字眼，釋尊都沉默不語，不加理會。當他罵累了，釋尊就問他：「老弟，如果有人想送禮物給對方，對方不肯接受，那麼，這份禮物該給誰呢？」

弟子不加思索地回答：「當然應該還給送禮的人哪。」

釋尊笑著又問：「對呀，就像現在，你把我罵得一文不值，但是如果我不肯接受，這些責難又該給誰呢？」

弟子啞口無言，頓時覺悟自己的無知和淺陋。他馬上向釋尊道歉，請求原諒，同時發誓從此以後再不誹謗他人了。

批評就好像一隻狗，狗看見你怕牠，便越加追趕你、恐嚇你；同樣的，如果某些批評把你嚇住了，你便日夜都痛苦不安。但是如果你回過頭來面對狗，牠便不再吠了，反而搖著尾巴，讓你來撫摸。只要你冷靜面對批評，到頭來，反而會為你所融化克服。面對批評，一個高尚的人通常會保持緘默，正如跳探戈要有伴才行，如果你拒絕跟著起舞，遊戲自然結束。

邱吉爾辦公室裡掛著林肯的名言：「我將盡力而為，勇往直前。如果結果證明我是對的，那麼中間遭受的批評就微不足道了。如果我錯了，即使有十個天使發誓我是對的也沒有用。」

邱吉爾和林肯一生都不斷遭受批評，就像今天的一些公眾人物。一個人需要極大的勇氣，才能在批評的攻擊下堅持自己的信仰。

訂一條規則吧，絕不要批評任何人，包括你自己。如果你正在連連失利之中，應用這個法則，它會把你拯救出來。這是惡性循環的逆轉，從憤世嫉俗轉為擔當負責，表現一定會越來越好！

我議人人，人人議我

我對一句菲律賓格言極為崇敬：「閉口則蒼蠅不入。」——小提奧多．羅斯福（Theodore Jr. Roosevelt）

一個女孩在庭院中玩耍，鄰居太太來訪，跟女孩的媽媽聊天。鄰居太太在談話中，禁不住把自己孩子的許多問題提出來跟女孩的媽媽商討。由於音量過大，在庭院中的女孩全都聽到了。

鄰居走後，女孩的媽媽覺得所談的問題對那位孩子的關係影響很大，怕女兒聽了傳出去不好。於是把女兒叫到身邊，問她：「假使鄰居那位媽媽把錢包留在我們家，我們能不能把錢包送給旁人？」

女孩說：「當然不能。」

媽媽說：「今天她留下了比錢包更寶貴的東西在我們家，她在這裡說的許多事，會使某些人不愉快。這些事情，都不是我們的。雖然她留在這裡，但仍是她的，我們絕不能拿來送人，妳懂不懂？」

女孩說：「懂了。」

從此以後，女孩知道人家信任自己而說的一段悄悄話，或者一些閒言閒語，只能留在心裡，絕不能說給旁人聽，甚至加以論斷。

在我們的生活裡，確實可以體察到處處充斥著「議論系統」，個人的舉止常會招到「評判」。更糟的是，評判者很少會當面說，他們往往會在背後說閒話，交換一些「不可告人」的流言。那種感覺如同芒刺在背，摸不到看不見，卻隱隱作痛，真是欲除之而後快。我們既憎恨被別人議論，卻又樂於議論別人，於是形成了「人人議我，我議人人」的糾結與矛盾。

我開始檢討，在人生不同階段裡我對別人的批評論斷，不禁使我的心生出罪惡感來。我又問自己，我是否也在背後論斷別人？這時就更覺得羞愧，因為我也犯了這種毛病。事實上，大部分人都有批評別人的毛病。

為什麼要批評別人？答案很簡單，但不易承認。因為，我們全是以自我為中心。我們從自己的角度向外看，又時常把事實與自己有限的了解混淆在一起。

你可以看到喜歡道人長短的人，他們自己的心態也都有問題；而當一個人心存邪惡時，就很容易看到別人的錯誤。所以，責備別人的人，才是真正需要責備的人，他的譴責，正是內心邪惡的表現。

背後對他人的議論或扭曲，就像口頭禪一樣，只是一種壞習慣。我們只是做慣了，而養成評論別人的個性。這種個性常是由於某些不愉快的記憶所產生；而責備和議論，則是自己過去罪惡的註解。

古云：「不責人過、不發人陰私、不念人舊惡，三者可以養德，可以遠害矣。」

記住，你的言談和思想無時無刻不在影響你的人格和下意識，沒有求證就不要亂說；談到別人時，要覺得他們彷彿就在你眼前，你不會讓他們下不了臺。

品嘗驕傲的苦果

驕傲是一個人過錯的面具。——希伯來諺語

伊索寓言中有個故事：

有一隻狐狸喜歡自誇自大，牠以為森林中自己最偉大。

一天傍晚，牠單獨出去散步，走路的時候看見一個映在地上的巨大影子，覺得很奇怪，因為牠從來沒有看過那麼大的影子。後來知道那是牠自己的影子，就非常高興。牠平常以為自己偉大，有優越感，但一直找不到證據可以證明。

為了要證實那影子確實是自己的，牠就搖搖頭，那影子的頭部也跟著搖動，這證明影子是自己的沒錯。牠就很高興地跳舞，那影子也跟著牠搖動。

正當狐狸得意忘形時，來了一隻老虎。狐狸看到老虎也不怕，就拿自己的影子與老虎比較，結果發現自己比老虎大，就不理牠繼續跳舞。老虎便趁著狐狸跳得得意忘形的時候撲過去，把牠咬死了。

餓昏頭的人有時真的會相信，在本來空無一物的地方看見了食物和水。由於尊嚴匱乏造成的幻象，也常使人錯生「優越感情結」的海市蜃樓。從這種錯誤的心念出發，表現出自以為是、我比你行、剛愎自用的傲慢態度。幻象總是比較顯著地出現在一個人生命中最自卑的地方，以便身體的平衡系統幫他從自卑的鬱結中解放出來。

驕傲是對自己缺乏信心的表現。自信與自傲，有時只有一線之隔。大文豪王爾德曾說：「人們把自己想得太重要時，正足以顯示本身的渺小。」

高傲並不是自尊或自信，而是過度的自我意識使然。有位哲學家說：「一個人若種植信心，他會收穫品德。」一個人若種下驕傲的種籽，他必收穫眾叛親離的果子，甚至帶來不可預知的危險，就像那隻自誇自大、自我膨脹的狐狸一樣。

高傲也是脆弱的表現，而且很不幸的，它是自卑的一種常見變相。高傲的人喜歡擺架子，抬高自己、裝腔作勢。

英國數學家及哲學家羅素（B. Russell）在他的書《權力》中說：「如果可能的話，世界上每個人都想當神，但是他們終於發現那是不可能的。」

高傲就好像一間大房子，門檻太高，使人不容易進去，拒人於門外。

人因自覺而成長，因自滿而墮落。成功固然值得自豪，然而自傲就是自暴，自滿就是自棄。老子《道德經》中有「生而不有，為而不恃，功成而不居。」又說，「功成名遂，身退，天之道。」如果成功之後，只知自我陶醉，而迷失於成果之中停止不進，那就是為自己的成就畫下句點。

富蘭克林（B. Franklin）這位美國哲學家與科學家早就說過：「驕傲是一個人首要除掉的惡習。」

的確，驕傲是萬惡之根源，其他的罪都由此而生。

成功常在苦辛日，敗事多因得意時。切記！不要盡想出風頭，要等風頭來找你！

人生本就不公平

承認既成的事，接受已經發生的事實，這是應付任何不幸後果的先決條件。——威廉．詹姆斯（William James）

「這不公平！」

這句話，是我們常說且具有破壞力的話。無論什麼時候，只要你把自己和別人比較，你就是在玩「這不公平」的遊戲。

你心裡常會這樣想：「他能這樣做，我也能。」、「你比我多，不公平！」、「我沒有，為什麼你有？」在這種情形下，我們的情緒便不由自主轉變成受別人控制。

我有一位朋友的太太阿芳，就是這種有害想法的最好例子。

阿芳經常抱怨她不愉快的婚姻。一天晚上，小劉說了一些使阿芳不高興的話，阿芳立刻回嘴：「你憑什麼這樣說？我從來沒對你說過那些話。」

小劉提到她的父母，阿芳說：「這不公平。我從沒把你父母扯進來過。」

他們再談到對家庭的付出。阿芳又說了：「不公平，你整天在外面，我卻留在家裡照顧小孩……。」

阿芳把她的婚姻繫在一張計算紙上，一邊是你，一邊是我，每件事都算計清楚，要公平。我這麼做，你也一定要這麼做。毫無疑問，她多半的時間都處於受傷害而氣憤的狀況，把注意力放在計較「不公平」上，而忽略了該如何檢討改善她的婚姻。

這就好像在高速公路上，有人超你的車，你氣呼呼地加油，目的就是超過他。為什麼這樣做？因為他先這麼做。或是對面來車開了遠光燈，刺人眼睛，於是你也扭亮遠光燈，只因為你認為的「公平」受到了侵犯。這等於是小孩子用的「你打我，所以我打你」的原則。這個「原則」擴至極端，就成了戰爭的起因。

阿芳要求公平，這顯然是條死胡同。她根據自己的行為來評定丈夫的行為，又根據她丈夫的行為來決定自己快樂與否，如果她能不再凡事計較，沒有虧欠感地去追求自己想做的事，那麼他們的關係將會有重大的改善。

你可以自己選擇快樂或不快樂，但與你周遭所見的公不公平無關。如果世界上每件事都公平，為何有些嬰兒一生下來便瞎了眼，無緣看見天邊美麗的彩虹？為何有些人從未做過什麼壞事，卻無故地被綁架、強暴或罹患癌症？如果世界上每件事都要公平，鳥兒不能吃蟲，老鷹也不能吃鳥，那麼生物一天也活不下去。

人生本就不公平。這個最難令人接受的真理，是我們必須學習的。壞事的確會臨到好人身上，有時在別人身上，有時在我們身上，而且甚至會臨到最不該臨到的人身上。另外，我們也看見好事臨到那些不配得的人身上。正如《聖經》所說：「日頭照好人也照壞人；降雨給誠實的人也給不誠實的人。」

在詩人朗費羅（Longfellow）的《路邊客棧》一書中，有一段簡單卻發人深省的話：「總之，在下雨的時候，我們能夠做的便是讓雨下吧！」

在這裡，我要再次強調這個人生哲理：無法改變的事實，只好接受！

幽默是解暑良方

除非你了解絕頂幽默，否則就無法處理絕頂重大的事，這是我的信念。——邱吉爾

古希臘偉大哲學家蘇格拉底的妻子脾氣非常暴躁。

有一天，哲學家正和他的一群學生談論學術問題，他的妻子突然跑進來，不由分說地大罵一通，接著又提起裝滿水的水桶猛潑過來，把蘇格拉底全身都弄溼了。

學生們以為老師一定會大怒，然而出乎意料，他只是笑了笑，風趣地說道：「我知道打雷之後，一定會下雨。」大家聽了，不禁哈哈大笑，他的妻子也慚愧地退了出去。

幽默是化解矛盾的潤滑劑。幫助別人選擇笑，學著停下來看看滑稽的人生百

態，即是生氣的最佳解藥。

幽自己一默，給喜劇演員帶來了掌聲和財富。小丑、諧星表演時，我們會大笑，因為他們的卑微，使我們有種比較優越的感覺。

林語堂說過：「智慧的價值，就是教人笑自己。」在現實生活中，拿自己的錯誤開開玩笑，使人開懷大笑，你便已鋪下友誼之路。歡笑是我們伸向另一個人內心最短的道路。

孟子亦說：「大人者，不失其赤子之心。」赤子之心，就是幽默的原動力，幽默感的泉源。

你是否把自己與生活看得太嚴肅，甚至無法停下來，看看把事情看得太嚴肅有多可笑？

林語堂說過：「現代人把人生看得太嚴重了，世界就充滿著苦惱。」尼克拉斯・錢佛特（Nicolas Chamfort）更明白地說：「一生中最浪費的時間，就是那些沒有笑聲的日子。」

每當發現自己所做的事過於嚴肅時，提醒自己：此刻是你唯一擁有的時刻。為何把「現在」的時刻浪費在生氣上？笑笑多好！微笑只牽動十三條肌肉，而皺眉要牽動一百一十二條，你有權去選擇其中之一。

數千年前，智者所羅門寫下《箴言》書（Bible, Proverb），其中有句話：「喜樂的心乃是良藥；憂傷的靈使骨枯乾。」（箴言十七章二十二節）

今天，《讀者文摘》、《講義堂》這些暢銷多年的雜誌，其中有〈開懷篇〉、〈講笑篇〉的專欄，開懷歡笑真的可以醫治人嗎？有沒有科學的根據呢？的確有的。

美國著名幽默專家柏克醫生和他的研究夥伴史丹利・譚，兩者都是念起來繞舌的心理神經免疫學領域的先驅，他們證實了歡笑與幽默的價值。

他們由實驗發現，歡笑過後，人體內的緊張荷爾蒙，如腎上腺素、多巴胺會下降。相對的，人體免疫系統的活動會增強。

這些改變會持續至歡笑後的次日，包括能對抗呼吸道感染的免疫球蛋白A抗體增多，B細胞增加，聚集在淋巴腺附近，製造抗體對抗有害的微生物；甚至可增加攻擊腫瘤細胞和病毒的天然殺手細胞的活動和數目，真是不可思議。

十九世紀幽默大師畢靈茲（Josh Billings）即說：「藥裡沒有多少樂趣，但在歡笑中卻藏有無數的仙丹。」多麼有智慧的話！電視節目〈歡笑一籮筐〉演出了人生的真相，因此令人發噱。人生是有趣的，喜劇就在我們周圍，我們只需要去發現。

假如你是個有智慧的人，就笑吧！

你有危險性格？

醫學不只是一門科學，也是我們自己的性格與病患的性格相互作用的一種藝術。——亞伯特・史懷哲（Albert Schweitzer）

「性格」一詞的英文單字Character，根據語源學的考證，是「車轍」的意思，也就是車輛經過道路，在路面上軋出的痕跡。

這個語源，細細玩味，的確很有意思。路上的車轍，必須經過一次又一次車輪的輾壓才能形成；我們的性格，不也是長期的習慣所養成？希臘傳記作家蒲魯塔克（Plutarch）就曾明確指出：「性格其實是習慣的延伸。」

性格類型不僅與某些身體的疾病有關，且大量證據指出，一個人的性格會影響他的待人處事、選擇的工作，以及追尋的生活方式。一個人的性格，能確定他人生將面對的壓力和困擾。

以小田為例吧。他是我中學的同學，在學校成績優異，待人處事樂觀進取。大學畢業後，他進入了服務業。由於工作需要，再配上「阿莎力」的性格，喝酒應酬遂成了家常便飯。

幾年後，他的生活已嚴重傷害了他的身心健康。整個人逐漸萎靡，變得煩躁而沒有耐心，這和過去的他簡直判若兩人。

不論是性格使然也好，環境造就也罷，成天飲酒作樂似乎不能吻合他的理想。

小田開始思考：「這並不是我要的工作。」他在理性上想跳脫目前的生活模式，現實上卻無法做到。這當中有來自於轉換工作後的經濟考量，更有來自於性格上的隨波逐流。

魚與熊掌，不可兼得，結果就是猶豫、矛盾，以及內心的壓抑。他的原我與超我發生衝突，內心呈現糾結、困惑與混亂，正如莎翁筆下的哈姆雷特有名的對白「To be or not to be......」（去做呢？還是不去做？……）就某種意義上來說，他隨和的性格雖完美地配合工作，可是這種性格也意謂著他的工作正在使他生病。

小田絕不是個特例。在我的經驗中，類似的狀況時有所聞。我們的人生早被自己的性格所設定，性格特質決定了我們為自己創造的環境類型，然後又決定我們如何反應這個自造環境中固有的壓力與緊張。通常是我們的心智摧毀了我們的肉體，但我們的性格特質卻決定了摧毀的方式。

近年來，國內外許多醫學心理學家，對心理與疾病關係做了許多深入的研究。透過性格分類與疾病進行的調查研究，發現許多疾病往往跟病人的性格有密切關連。簡述十種如下：

◎冠心病人：好勝心強、性格急躁，有進取心，達不到預定目標時很容易激動、發怒。

◎氣喘病人：個性內向、依賴性強、缺乏自信、不擅表達情感，且多半幼年受到過分溺愛。

◎蕁麻疹病人：自我要求嚴格、有罪惡感、渴望獲得情感和關心。

◎偏頭痛病人：個性患得患失、嫉妒、自責壓抑、追求完美。

◎搔癢症病人：強迫行為、多疑、挑剔、具競爭與攻擊性。
◎甲狀腺機能亢進病人：急躁、敏感、擔憂。
◎癌症病人：性格憂鬱、孤獨、失望、過分克制自己、憤怒被壓抑、焦慮及不安全感。
◎消化性潰瘍病人：情緒不穩、性急緊張、患得患失、害怕失去依靠、內心矛盾、力求成就。
◎非特異性結腸炎病人：凡事一板一眼、拘泥形式、好整潔、辦事有條不紊，謹慎小心，缺乏自信心。
◎紅斑性狼瘡病人：常會責怪自己，對別人或家庭的付出超過自己的獲得，多為施捨型性格。

「個性決定命運，性格決定疾病」，因此如何保持穩定開朗的性格，無疑是確保身心健康的不二法門。

癱瘓式完美

事情本身並不是非對即錯，非黑即白，可是我們的思維令它如此。——莎士比亞

有潔癖的人，活得很痛苦，因為別人和自己都常達不到自己定下的乾淨標準；追求完美的人，也活得很痛苦，因為總覺得處處不對勁，什麼事都不滿意，時刻事與願違；偏執的人就更痛苦了，因為他有他的偏見與執著，至死也捍衛不了自己所執著的。

追求完美，也許是最容易形成壓力的因素，其實它並不存在。追求完美，只不過是自尋煩惱罷了，因為不管你把手頭上的事情做得再好，你那顆追求完美的心，總是使你覺得不夠完美。

為什麼你一定要每件事都做得完美無缺？誰來給你打分數？

邱吉爾著名的有關完美主義的詩中指出，不斷追求完美是沒有意義的。他在詩中提到：「『凡事必盡善盡美』這句話可以拼成癱瘓（PARALYSIS）一字。」

堅持完美主義，「非做到最好不可」這種態度，會使自己癱瘓。在我們生活中，有某些重要的事，是真正需要盡力去做的。但若凡事都要求做到盡善盡美，反倒是一種障礙。

絕對的「對」和「錯」是不存在的。

這可能是由於我們凡事都用二分法，例如：黑與白、好與壞、是與不是、對與錯。

這種截然劃分的極端，在婚姻或其他成人的關係中最明顯。人們的討論往往不可避免地走向爭執，非爭個一方對，一方錯不可。

我們常聽到：「你總是認為你都是對的。」、「你從不承認你是錯的。」但是人各有異，每個人看事情的角度也不同，如果一方堅持是對的，就必然造成溝通破裂。

請記住愛默生時常被引用的一句話：「愚蠢的前後一致，是小心眼作祟。」如果你一直想要凡事都「對」，就是你的「小心眼」在作祟。

無論黑與白，對與錯，在它們之間，中庸之道總是存在的，這就是灰色地帶。

許多勢不兩立的冤家對頭，都可以在這灰色地帶坐下來冷靜地對話，結果使許多棘手的問題得以解決，許多一觸即發的危機也冰釋了。

天地寬大，人卻每每以一己之念，來逼使自己無立身之地。汙土能生長各種農作物，清澈的水卻沒魚。我們也應該學習包容「汙穢」的度量，這樣人生才會更開闊。

曾經看過謝爾・希爾弗斯坦寫的一本小書《失落的一角》，講的是有個圓被切去了一大塊，它想恢復成完整無缺，於是四處尋覓失落的部分。因為它殘缺不全，只能慢慢滾動，所以一路上欣賞野花，還和毛蟲聊天、享受陽光。它找到各種不同的碎片，但全都不合適，所以繼續往前尋找。

有天，這殘缺的圓找到了一個非常合適的碎片，開心得很。它把那碎片拼上，開始滾動。現在它是完整的圓了，能滾得很快，快得使它注意不到那些野花，也無暇和毛蟲聊天。它終於發覺滾動太快，使它看到的世界完全不同了，便停止滾動，把補上的碎片丟在路旁，慢慢地滾走了。

在我們失去什麼東西的時候，反而比較能體驗更深的人生，換個角度來說，什麼都有的人反而是個可憐人，他永遠不會知道期待、希望更美好的事物來臨是什麼感覺；也永遠不會感受到獲得渴望卻從未得到過的東西是多麼美妙。

接受這個世界的不完美，才能更接近真正的平靜自在。人生本應有黑有白有七彩，不該毀在虛構的純白上。

試著用這樣的態度：「選擇那些對你重要的事，努力去做，至於生活中其他的事，去做就好了。」人生的重點不在於「盡如人意」，重要的是能夠心安理得地告訴自己：「我已經盡力了！」、「我已經很不錯了！」

別忘了，黑白之間還有灰色地帶！

勇敢承認自己的錯誤

世上最難做到的一件事，便是承認自己錯了。要解決一種情況，除了坦承錯誤，沒有更好的方法。——班傑明・狄斯拉理（Benjamin Disroeli）

《新約聖經》裡有一則這樣的故事：

對基督懷有敵意的巴里賽派人，有一天將一個犯有姦淫罪的女人帶到基督面前，故意為難耶穌，看他會如何處置這件事。如果依教規處以她死刑，則基督便會因殘酷之名被人攻訐；反之，則違反了摩西的戒律。耶穌基督看了看那個女人，然後對大家說：「你們中間誰是無罪的，就可以拿石頭打她。」

喧譁的群眾頓時鴉雀無聲。基督回過頭告訴那個女人，說：「我不定妳的罪，去吧！以後不要再犯罪了。」

此則故事告訴我們：要責罰別人的時候，先反省自己可曾犯錯。

蘇格拉底說：「沒有經過反省的生命，是不值得活下去的。」有迷才有悟，過去的「迷」，正好是今日「悟」的契機。因此經常反省，檢視自己，可以避免偏離正道。

人人都可以養成認錯的習慣。

亞伯拉罕・林肯誠懇地說過：「我相信自己絕不至於老到在沒有說話時，仍能大言不慚。」

當他在南北戰爭中對葛倫將軍的挺進方向判斷錯誤時，立刻寫信說：「我現在想私下向你承認，你對了，我錯了。」他隨時願意認錯的個性，使他贏得了共事者的尊敬和親善美譽。

有一位教授曾經對我說：「如果我對一件事情的處理方法不奏效，那我相信我必定還有許多東西尚未學會，可能需要求助於別人，或是事情的後續發展會告訴我如何解決。不管如何，我首先得承認自己的錯誤，然後才能找到答案。」

名作家張曉風也說過一句話：那個名叫「失敗」的媽媽，其實不一定生得出名叫「成功」的孩子——除非她能先找到那位名為「反省」的爸爸。

的確，肯反省的人，才有自我超越的可能。

有個故事說，有兩人因偷羊被捕，得到的懲罰是在他們兩人的前額烙上兩個英文字ST，是「偷羊賊」（Sheep Thief）的縮寫，然後放了他們。

其中一人受不了這種羞辱，就躲藏到異邦，可是碰到的陌生人，仍舊不停地問他這兩個字母究竟是什麼意思？他的心頭不得寧靜，痛苦不堪，終於抑鬱而終，埋在野墳中。

另一個人說：「我雖無法逃避偷過羊的事實，但我仍舊要留在這裡，贏回鄰居對我的尊敬。」

一年一年過去，他重新建立起正直的名譽。

有一天，有個陌生人看到這老年人頭上有兩個字母，就問當地人，這究竟是什麼意思。

那個鄉下人說：「他的額上有兩個字母，已經是多年以前的事了，我也忘了這件事的細節。不過我想那兩個字母是『聖徒』（Saint）的縮寫。」

正如卡內基所說：「若能抬起頭承認自己的錯誤，那麼錯了也能有益於你。因為承認一樁錯誤，不僅能增加四周人們對你的尊敬，且將增加你自己的自尊。」

反省是認識自己的祕訣，當我們從鏡子中看自己時，會發現自己與自己相遇，也就是發現在自己的裡面還有一個真實的自己。

老實說，每個人在一天中，都應該撥出一段時間站在鏡子前面，平心靜氣地反省一天的作為。

快樂不需要理由

不記陰，不記雨，只記晴天。——安特梅葉（Louis Untermeyer）

一位一〇二歲的人瑞一天到晚高高興興，在生日時有人問他：「你一定有什麼快樂的祕訣吧，老先生？」

「沒有，」老人回答道，「那毫無奧祕可言，很簡單。」

他接著解釋說：「每天早上我有兩種選擇：希望這一天裡快樂還是不快樂。你們猜我選擇什麼？我只是希望快樂，真的就快樂起來了。」

林肯也曾說：「樂由心生。」快樂是一種感覺，一種「如人飲水，冷暖自知」的感覺。莊子於橋上見魚游於水中，便說：「你看！魚兒多麼快樂啊！」惠子哼了一聲說：「你不是魚，怎麼知道魚很快樂？」人們只要決心快樂，任何人事物看來都是快樂的；你老是覺得不愉快自然就不快樂。

我們每一個人都是自己戲中的主角，必須為自己的快樂負責任。別人絕不能令你快樂，你得靠自己。戴爾・卡內基說：「快樂不在於你是誰或你有什麼，它只在於你『想』的是什麼。」

舉例來說，兩個人處境相同，做的事情相同，兩人都有著大致相等數量的金錢和聲望，然而其中之一鬱鬱寡歡，另外一人則歡欣愉快。什麼緣故？心態不同罷了。

讓我問一個問題：「如果要使你快樂，必須出現什麼東西？」是希望有錢、有地位？或是希望憑空得到一棟房子？是希望駕駛一輛名車？還是希望有人愛你、關心你，告訴你他們是多麼喜歡你？到底要怎麼樣才能使你快樂呢？

事實上，你不需要任何理由就可以馬上快樂起來。英國神學家英吉（William Ralph Inge）說：「最快樂的人，似乎是那些不需要什麼特殊原因就能快樂的人——只因快樂而快樂。而這無疑是個十分好的理由。」

讓我們想想，觀看日出的遊客，你認為誰最不快樂呢？那一定是對看到日出期望最高的人，因為他的內心認為唯有「看到太陽出現」才會快樂。就是這種想法，反而失去了自然的快樂。

我們常說：「如果這些事發生，我就幸福了。」或「如果我能通過考試，我就好過了。」、「如果他能對我好一點，我就快樂賽神仙了。」、「只要中獎，我就賺死了。」、「等我有錢一點，就會更快樂。」

多數人都是這麼說的，以為只有當某些事件發生以後他們才會快樂。因此，不管他們有錢沒錢，他們總是不能享受到完整的幸福和快樂。

許多人在快樂後頭狂追亂跑，像個心不在焉的人在搜尋自己的帽子，其實，快樂就在自己手中或在頭上。喬希・比林斯這位美國著名的幽默作家說得好：「假如你曾經追尋到幸福，你便可以了解，那就像一個老婦人急著尋找她迷失的眼鏡，卻發現它好端端地架在自己的鼻梁上。」那到遠處去找尋歡樂的人，是把歡樂遺忘在身旁的人。

大貓看見小貓追逐自己的尾巴，就問牠：「為什麼你要這樣追尾巴？」小貓說：「我知道最好的事就是快樂，而快樂就是尾巴，所以我追尾巴，等我抓到了，我就得到了快樂！」

大貓說：「孩子，我也曾注意這個大家都有過的問題，我也相信快樂就是尾巴。但我發覺，我一追尾巴，尾巴就離我更遠，而我去做我自己的事時，似乎無論我到哪兒，尾巴都跟著我。」

大貓說得一點都不錯。快樂如果被當成目標去追求，便無法得到。「追求快樂」的結果，往往和字面的意義背道而馳。記住，能把目標達成，固然有助於使你快樂，然而即使無法達成你很在乎的事，你還是可以選擇快樂，最起碼你可以不去選擇不快樂。有了這樣的體認，你就能主宰自己的快樂，甚至分享給大家。

自己沒有的東西我們不能給，我們無法在把自己弄得慘兮兮的同時，仍為別人帶來快樂。正如林肯所說：「你無法把自己變成窮人而去幫助窮人。」除非我們先使自己快樂，否則不可能為他人帶來快樂。

快樂的習慣極易養成，只要使日常所想的、所念的都往「愉快」去想。把自己環境中可以使你一想起來就高興的人事物，每天在腦子裡轉個幾遍。這樣愉快的心境，將會使你這一天所遭遇的事情轉變方向，化險為夷，轉憂為喜。

從明天起，你試試這一招：起床時把這句話高聲說三遍，「我要快快樂樂！我本來就是高高興興！」說時要肯定、明確，念一遍、想一遍，這是醫治不快樂的良方。如果你在早餐前再重複三遍，使得這話融入心中，用此愉快的心情去面對一切，還會發生什麼不愉快的事嗎？

謙卑是成長的開始

學著彎曲，這總比斷裂來得好。——佚名

許多年前我到美國進修的時候，在一位經驗豐富的外科醫師監督下，為病人進行一項手術。因為當時太緊張，手不慎滑了一下，下刀並不理想。我很自責。那位外科醫師親切地安慰我：「孩子，等你下刀下得不好的次數和我一樣多的時候，再自責吧！」

他沒有責備我，反而坦白地表示他也曾經笨拙過。他的謙卑，使我的焦慮和挫折感頓時減少。

謙卑像翹翹板，你在這頭，對方在那頭。只要你謙遜地壓低了自己這頭，對方就高了起來。

有人問蘇格拉底是不是生來就是超人，他回答說：「我並不是什麼超人，我和平常人一樣。有一點不同的是，我知道自己的無知。」

這就是一種謙卑。無怪乎，古羅馬政治家和哲學家西塞羅（Cicero）會說：「沒有什麼能比謙虛和容忍，更適合一位偉人。」

一顆謙卑的心是自覺和成長的開始，也就是說，在我們承認自己並不知道一切之前，不會學到新東西。許多年輕人都有這種通病，他們只學到一點點，卻自以為已經學到一切。他們的心關閉起來，再沒有東西進得去，他們自以為是萬事通，而這也可能成為我們所會犯的最嚴重錯誤。

西方哲學家卡萊爾說：「人生最大的缺點，就是茫然不知自己還有缺點。」因為人們只知道自我陶醉，一副自以為是、唯我獨尊的態度。

這讓我想起老子曾用「水」的道理，來敘述處事的哲學：「上善若水，水善利萬物而不爭？」

上善的人，就好比水一樣，水總是利萬物的，而且水最不爭。水總是往下流，處在眾人最厭惡的地方，流入最卑微之處，站在卑下的地方去支持一切。它與天道一樣澤被萬物，所以水沒有形狀，在圓形的器皿中，它是圓形；放入方形的容器，則是方形。它可以是液體，也可以是氣體、固體。這正是我們必須學習的「謙卑」。

《荀子》宥坐篇記載了一段故事。

有一天，孔子參觀魯國的宗廟，留意到一種叫「欹器」的裝水容器。便叫弟子倒水進去。水一倒滿，欹器立刻翻覆。

孔子看了，便感慨地說：「啊！是裝滿就會翻覆的東西。」

菜根譚中有句話說：「欹器以滿覆」，簡單地說，就是告誡人不可太自滿。所謂「謙受益，滿招損。」《易經》亦云：「人道惡盈而好謙。」你可以豪氣萬千，但絕不能傲氣半分，縱然有超人的才識，也要虛懷若谷。瞧！成熟的稻穗，頭都壓得低低的，只有敗穗才迎風招展，趾高氣揚！

了解對方感受

運氣的好壞、生活的好壞，在於你婚姻關係是好是壞。——何權峰

雖然離婚在現在的臺灣是件稀鬆平常的事情，但高離婚率並未減輕當事人的創傷與痛苦。

為什麼曾是相看兩不厭的戀人，結婚久了會變得冷眼相對？難道夫妻久了，就沒有情愛？這是因為愛情的組合，並非一個「愛」發牢騷的，就能遇到一個「情」願受氣的。隨著日子的流逝，雙方的親密和欣喜也許會消失，關係會破裂。

俄國大文豪托爾斯泰在他的名著《安娜卡列尼娜》的開頭就說了一句名言：「每個成功的婚姻背後都有共同的成功原因；而失敗的婚姻則有各自的失敗原因。」非常值得大家深思。

兩性關係不僅是養家活口或照顧家庭而已，還牽涉到人們根深蒂固的「Kimogi」問題。

有一句話很有意思：女人的溫柔是男人哄出來的，女人的凶惡也是男人逼出來的。事實上，無論是男人或是女人，唯一的願望就是希望對方能抓住其內心的感受，更重要的是將「Kimogi」安撫好。

許多人常會說：「我要求的並不多，只要他了解我，做牛做馬我都甘願。」那麼要如何了解對方的感受？答案很簡單，那就是把問題攤開來，大家好好地溝通，確定了解雙方的心理，使波長相同，彼此能接收到對方的思想和感情。

在溝通中，很重要的不是「講」什麼，而是「聽」什麼。當你憤怒時，常會說出一些自己無法控制的話語，像箭一樣射傷對方。

為了避免擴大爭端，說話應委婉，例如：不要說「我真受不了你這麼做！」應改為「我比較喜歡你這樣做。」培養隨時停止爭辯的能力，以免弄得一發不可收拾，甚至忘了為什麼而爭執，講了半天仍不知道對方需要什麼。

要知道，溝通的目的是為了了解對方，而不是改變對方。許多人都有一種強烈的意願，希望對方因為愛你而改變，改變成你喜歡的樣子，然而，往往很多的衝突和誤會都由此而生。

法國作家查爾頓就說過：「與自己所愛的人一起生活的祕訣，就是不要想改變對方。」不要以為已經結婚了，自己的想法便可代表兩個人的想法，要尊重對方的自由，讓他做自己，而不是去支配他。

以小娟為例吧！她不讓丈夫去看老朋友，因為他們會絆住他，不讓他早點回家；她會打電話到公司去告訴他的同事，她先生今天不能去上班，因為他有點著涼了；她不讓他吃辣的食物，因為那對他的胃不好。

以此類推，你可以得到一個結論：這個關心過度的妻子，正在一點一滴毀掉她丈夫的生活。為什麼會有這個結論呢？因為雖然小娟的一切作為都是為了愛，可是她的行為只會導向錯誤的方向。不管她怎麼說，不管她是如何在表達一個妻子的關切，結果還是一樣的：她在破壞她先生的生活。

《婚姻路上經營少》作者史卡・佩克，在書中為「愛」下了一個完美的定義。他說：「愛是一種全心的承諾，使對方的潛能得到充分的發展。」

如果你真的愛一個人，你希望他的才能得到發展，充分變成他自己，如果你吝於支持，那並不是愛。

曾有個笑話說，如果哥倫布有個多疑的妻子，他還能發現新大陸嗎？她一定會問：「你去哪裡？跟誰去？去做什麼？什麼時候回來？為什麼那女人（英女皇）會無緣無故給你三艘船？」

真正的愛就是支持他，凡事相信。

如果雙方能致力於清除他們之間錯誤的情緒死角，愛對方，但讓對方選擇自我的滿足，那麼這個婚姻將益加芬芳，並繼續成長。

讚美如天籟

使我變得還不錯的，並不是教訓或祈禱，而是一、兩個人硬是相信我不錯，而我又很不願意讓他們失望。——魏斯特（Owen Wister）

有個客人在一家餐廳吃飯，他覺得菜做得很好，吃得津津有味，讚不絕口。抬起頭來，正好看見廚師經過，就順口對廚師說：「你這菜做得真好吃！」本來愁眉苦臉的廚師，聽了這些話，頓時變得容光煥發、神采飛揚。他說：「哦！先生，聽你這麼說，我真的太高興了！已經很久沒有人稱讚我菜做得好了，謝謝您！」從此，那廚師比以前更賣力了。

讚美和鼓勵，是引發一個人體內潛能的最佳方法。肯・布蘭查德（Ken Blanchard），《一分鐘管理》（The One Minute Manager）的作者。他推薦大家使用「一分鐘讚美」、「抓住人們做對了事的一剎那」。你經常這麼做，他們會覺得自己稱職，工作有效率，以後很可能不斷重複這些行為以博得讚美。

有個故事是這麼說的：

新開設的店都裝上自動門，可是附近有一家超級市場卻沒有裝設。有個小男孩在每天早晨和下午，太太們紛紛去買東西的時候，站在玻璃門外，看到手裡大包小包拿了好多東西的太太，就替她們拉開大門，讓她們可以從容地走出來。

有一次，有位太太問那小男孩：「你看門看了這麼多日子，一定得了許多小費。你拿來做什麼用？」

那小孩有點詫異地回答：「什麼？她們都沒有給我錢，可是她們都對我說：『你好棒！』、『謝謝你！』」

你也能在自己能力範圍之內，輕易地增加這個世界裡的快樂。怎麼做呢？就是對寂寞失意的人說幾句真誠讚賞的話。或許，你明天就忘了今天所說的好話，但是聽受者卻可能一生都珍惜著它們。

戴爾・卡內基說：「讓我們不再去想自己的成就和自己的需求。讓我們試著去想別人的優點，然後忘卻恭維，發出誠實、真心的讚賞。稱許要真誠，讚美要慷慨，這樣人們就會珍惜你的話，把它們視為珍寶，並且一輩子都重複它們——在你已經遺忘以後，還重複著它們。」

愛、稱讚、感謝都應該說出來，讓對方知道，如果你以為只要放在心裡就行了，那就大錯特錯。

有對夫妻，先生每天早晨有邊吃早餐邊看報的習慣。有一天，當他叉起食物往口中放的時候，覺得不像往常，趕緊吐出來，拿開手中正在看的報紙仔細一瞧，竟然是一盤菜梗！他立刻叫妻子過來問。

妻子說：「喔！原來你也知道火腿蛋與菜梗不同啊！我為你做了廿年的火腿蛋，從不曾聽你吭過一聲，我還以為你食不知味，吃菜梗也一樣呢！」

沒有表達出來的愛，是沒有人知道的。

珍惜別人是一回事，讚美他們又是另一回事。我們都需要別人的認同與鼓勵，沒有一件事比得上別人所給的讚美。林肯曾說過一句老生常談，但卻顛撲不破的真理。

「一滴蜜要比一加侖的膽汁，招引來更多的蒼蠅。」讚美能滿足他們的自尊，也能贏得他們對你的尊重。

今天你以朋友對待的送報生，說不定哪天成了一名醫師。當你生病，由他來診治時，你就會發現，肯定別人，也就扶持了自己，結果每一個人都是贏家。

你曾否察覺到，我們通常只在別人身後稱讚他們？為什麼要在身後？為什麼不當面告訴他們？人過世後，他的每一個親朋好友似乎才覺得他有某些優點。我常想，在人們生前，大多聽到的是責難多於讚美，為什麼一定要在人逝去、聽不見後，才醒悟他們對我們是如此特別？

萬物在讚美之下都會開花，欣欣向榮；讚美就像澆在玫瑰上的水。讚美的話並不費力，卻能成就大事。我們要下定決心對親人、朋友，甚至每一個人表達感謝，並把它變成一種習慣。

說句好話輕而易舉，只要幾秒鐘，便能滿足人們內心的強烈需求。注意看看你所遇見的每個人，尋覓他們值得讚美的地方，然後加以讚美。

用仁慈來殺死敵人

言語上的仁慈能夠激發信心；思想上的仁慈能夠成就博學；施予上的仁慈能夠創造愛。——老子

阿拉伯產名馬。

甲有匹駿馬，雄姿煥發，日行千里。

乙非常喜歡這匹馬，願以所有駱駝交換這匹名馬。

他苦苦哀求，但馬主人不肯割愛。

有一天，乙裝扮成又跛又病的乞丐，倒在路邊。甲乘馬走過，動了慈心，就下馬把他扶上馬去，要送他去就醫。

乙上了馬後露出本來的面目，奪了轡繩，大叫：「我終於占有這匹馬了！」

馬主喊住他：「請先別走，我有幾句話說……」

他說：「你終於得到我的馬，希望你好好照顧牠……最重要的是，你千萬不能讓別人知道，你是怎麼得到這匹馬的。」

對方說：「為什麼？」

「將來也許有人真的因病求救他人，如果大家知道幫助了人會受騙，便不願助人了。」

這句話說得乙滿臉羞愧，跳下馬來，把駿馬還給原來的主人。

對待敵人的最好辦法，就是用仁慈來殺死他們。不管他們多無知、愚昧，多具有殺傷力，記住，對他們微笑，而不是以暴制暴。

這裡有個關於ＩＢＭ公司創辦人華生（Tom Watson）的故事，令人印象深刻。有一次該公司的一位高級職員在工作上犯了一個大錯，使公司損失了一千萬美元。當華生召他到辦公室裡來時，他以為華生打算開除他，誰知道華生仁慈地說：「開什麼玩笑，我們曾花了一千萬美元訓練你呢！」

最難以轉讓的一件東西就是仁慈，它總是又被送了回來。芝加哥人茅譚（J.S.

Moultan）在林肯競選總統期間頻頻發出尖刻批評。林肯當選之後，在芝加哥大飯店舉行了一個歡迎會。林肯看見茅譚正要通過走道，雖然茅譚曾大聲辱罵林肯，林肯卻仍然很有風度地說：「你不該站在那裡，你應該過來和我站在一塊。」

每個在歡迎會上的人都親眼目睹林肯賦予茅譚的榮耀，也因此，茅譚成為林肯最忠誠、最熱心的支持者。

英國詩人白朗寧曾說：「寬恕為美，淡忘為佳。」

別人傷害了你時，你應該記事，不應該記仇；記事有前車之鑑，不記仇可以忘憂。

你傷害了別人時，你應該記事，更應該反省；記事知警惕，反省能補過。

正如笑彌勒給人的印象：「大肚能容，了卻人間多少事？笑口常開，笑開天下古今愁！」果真如此，則「眼前一笑皆君子，座下全無礙眼人」了。

人家傷害你時，能立刻反躬自省、修身自潔的人，是聖者；人家傷害了你時，只一笑置之、泰然自若的人，是聖人；人家傷害了你時，卻為對方找理由而予以原諒的人，是君子；人家傷害了你時，「怒」憤填膺，時時存在報復之念的人，是小人。

包容他人，可為他人也為自己開啟許多扇門，也可以滋潤自己和別人的靈魂。寬容是快樂之源，那些正在體驗愛應如何施予以及如何接受的人有福了。

盡情感受生命

對於出生與死亡沒有任何補救的方法，好好享受中間的生命吧！——喬治・桑塔亞那（George Santayana）

你知道人生是比什麼嗎？名位、財富、美麗、才幹、權勢……？不，都不對，人生最重要的是比快樂。

一個人活在世上短短數十年，所有能追求得到的東西都可能會失去，因那是由外而來的，天下唯一不能從你手中奪走的東西，是由內而發的。我們越是向心中去尋求，就越能尋得喜悅和平靜。

人心永遠不會滿足，永遠想著：「要是……該有多好！」可是，我們越是向心中尋，往往就越能接受一切事物。

我曾讀過簡・哈潑（Jan Harper）所著的《無言的沮喪：成功者的真相》

（Quiet Desperation: The Truth ——out Successful Men）。這本書是探討有些人在他們的一生中，雖然做了許多偉大的、有成就的事，但他們卻不懂得享受這些成就。儘管他們有錢、有名聲，得到了權力，或者擁有社會上公認很有成就的事，但他們仍然習慣性地感到沮喪、不快樂。為什麼呢？因為他們錯過了生命中最重要的東西，就是去感受生活、體驗生命。

我們對熟悉的事物往往視而不見。我們忽略了身邊的小事、平凡的美、田野的風光、枝頭的鳥；我們注意不到自己的孩子在成長；我們在鮮花怒放之前，注意不到春天的花蕾。

如果我們不能一點一滴地慢慢品嘗人生，就像在沙灘上一次只撿一只貝殼，那麼我們就沒辦法有最大的發現——發現一個人的內在。當我們經常用心去注意人、事、物的時候，我們注意的焦點便會從內在散發出美麗的光芒，在這樣的過程中，我們自己也將因而變得更加美好。

論語中有一段故事也是眾所周知的。

孔子有一次與弟子冉有、公西華、子路、曾皙談各人志向。當時冉有、公西華、子路的回答不外乎治國、平天下或做外交官。而後孔子問道：「曾皙，你呢？」

曾皙正在鼓瑟，聽到孔子問他，即鏘一聲停止鼓瑟，站起來說：「我和他們三人不一樣。」

「這有什麼關係，談談各人志向而已。」

「暮春者，春服既成，冠者五六人，童子六七人，浴乎沂，風乎舞雩，詠而歸。」

孔子嘆道：「我欣賞曾皙的理想。」

在許多人看來，曾皙所言不算什麼志向。所謂的志向，應該是做個外交官、律師、政治家……，但孔子卻贊同曾皙，因為這是就體驗人生而論，而不是將人視為一種工具、手段來使用，而是由內而發，整個生命的成全。

古人說：「青青翠竹，盡是法身；鬱鬱黃花，無非般若。」人若能拋棄操縱的習慣，一片樹葉、一朵小花，都能在眼前顯露美感和喜悅。正如里奧・巴斯卡力（Leo Buscaglia）所說：「生命在本質上並不是一趟旅行，也不是一個目標，而是一個過程。你必須一步一步地走，假如每一步都充滿驚奇，那就串成了生命。」

有一個日本畫家在一幅巨大的畫布上畫了一幅畫。在畫布一角，他畫了一棵樹，樹枝上有幾隻鳥，但其餘的畫布都是空白的。有人問他是不是要在空白處再畫些東西，他說：「不，我必須替這些鳥留下一片飛翔的空間。」

鳥需要有自由飛翔的空間，人心也要有迴旋自如的廣闊天地，不是嗎？你看看富於韻味的書法或是繪畫，不都有留白嗎？

歌德曾說：「一個人在他的生活圈子裡，每天應該欣賞幅名畫，朗誦一首詩歌，聆聽一首名曲，閱讀一本名著，庶幾天賦美麗的靈魂，才不至於被世俗的煩惱所蒙蔽。」無疑的，人人都應該花點時間享受生活的樂趣，哪怕每天只花五分鐘也好，否則你永遠得不到內在心靈的喜樂。

如果你能花點時間去慶賀，生命便成為一分禮讚。找個時間靜下來默想，聽聽你內心的聲音。在安靜的時刻裡，你才能和你的心靈重新接觸。觀照你的內在世界，讓你的直覺來引導你，不要一味盲從於別人加諸在你身上的論斷，更不要讓生活固守著一成不變的習慣，如此才能深刻體驗到生命的喜樂。

負擔也是一種幸福

絕對不可在遇到危險的威脅時，背過身去逃避。若是這樣做，只會使危險加倍。但是如果立刻面對它，毫不退縮，危險便會減半。絕不要逃避任何事物，絕不！——邱吉爾

德國作家席勒（Schiller）寫過一則童話：「很久以前，鳥並不會飛，因為牠們沒有翅膀。有一天，上帝把翅膀放在牠們腳邊，要牠們拾起來放在背上。起初大家都觀望著，不願背上這雙笨重的翅膀，但是又不敢違抗上帝的旨意，只好背上翅膀。沒想到翅膀附在背上後，原以為只會加重負擔的東西，竟使牠們飛了起來！」

這是一則很有意義、也很有啟示性的童話。我們生活上擔當的責任，不管是不得已，還是心甘情願的，不但不會把我們壓垮，反而能使我們飄然起飛！

人的一生中，負擔是不可避免的，因為它是生命的一部分，只能去面對它，

並且迎向前去。有時它並不像我們想像的那麼可怕。

這讓我想起蘇東坡的〈定風波〉：

莫聽穿林打葉聲，何妨吟嘯且徐行。竹杖芒鞋輕勝馬，誰怕？一簑煙雨任平生。料峭春風吹酒醒，微冷，山頭斜照卻相迎。回首向來蕭瑟處，歸去，也無風雨也無晴。

其實若干年後，回想從前走過的那段路，你或許會有如此的心境——仍然「見山是山，見水是水」，那一切無非只是一個過程。然而，人生的價值即在於它的過程，而非終點。

小鳥們的背上多了一對翅膀，雖然負擔較重，但卻能展翅高飛，盡情地享受那遨遊於天地間的過程。

上帝要送禮物之前，他會用困難加以包裝。困難越多，禮物越大。同樣的，當你越成功，所面對的問題也就越大。但是這要緊嗎？你得做應該做的事，沒有理由停下來。因為除了自己，沒有人能使夢想起飛。負擔只是暫時的困難，你知道它們不會永遠存在。如果你好好體驗自己的生活故事，負擔將會成為有趣的旁白，就像後人在敘述童話故事一樣。

蘇格蘭自由教會牧師和作家德拉蒙德（Henry Drummond）曾說：「人，除非去做他不可能做到的事，否則就不能做到他可能做到的事。」人生很像學電腦，一旦我們懂得它如何運作，就能從中獲益。我們必須把人生視為自我歷練的過程，否則，在起起伏伏的人生旅程中，必然活得意興闌珊，了無生趣。

沒有一個人，在人生中沒有挫折的。既生為人，就必須擁有承擔挫折的勇氣，而不是活在遺憾中，哀愁一生。

成功的人能在雷雨中看到彩虹。朋友，你還在遺憾什麼呢？

壓力是凶手？

顯然，事情的本身不能使我們快樂或不快樂。決定我們感覺的，是我們對事情反應的方式。耶穌說天國就在你心中，而那也是地獄的所在。——戴爾·卡內基（Dale Carnegie）

你是否發現，生活壓力大的時候，人特別容易生病？你認為「傷心得要死」是誇張的描述或是有實際的可能？其實這兩個問題的答案都是肯定的！

早在五十多年前，生理學家就已經知道壓力會使動物快速毀滅。把一隻老鼠關在鐵籠裡，只要不定時地施予溫和的電擊，老鼠就會產生壓力的生理反應。每受一次電擊，身體就毀損一點，幾天之後，老鼠崩潰而死。

待屍體解剖以後，病理學家們發現牠的組織呈現快速老化的跡象。由於電擊的伏特數相當小，因此我們可以斷定老鼠的死因並非外來的傷害，而是牠自己的生理反應，也就是說，牠的身體殺死了牠自己。

人類對外在環境的壓力雖有相當大的抵抗力，但是如果被逼得太甚，我們的壓力反應也會啟動身體，開始精神與肉體的自毀行動。

癌症專家哈默醫生的研究發現，一個人的內心衝突如果得不到解決，就可能導致癌症的發生和發展。他認為，癌症不是一般認為的環境汙染、病毒或遺傳因素所引起，而是患者個人的內心衝突所致。

精神神經免疫學的專家也掌握確實證據，證明情緒、心理對免疫系統有強烈的影響。在一份發表於《美國醫學協會期刊》的報告中指出，失去親人的沮喪，能猛烈地影響身體內部的防禦系統，以至於一點小小的惡性腫瘤，本可被人體自身的防禦機能壓抑下來的，卻能生存、成長並且最後致病人於死。

同類的研究有如洪水氾濫一般，在全球各地發表，每分報告的數據雖不一樣，但保守估計，醫師遇到的問題當中，至少有四分之三是全部或部分源自於身心疾病。就連日常生活的困擾，也可能會將一個人「蠶食致死」。例如，公文堆積太多，但電話鈴卻響個不停；上司為某事處理不當而譴責你；配偶又抱怨孩子生病、成績退步等等。據柏克萊加州大學心理學家拉撒勒斯所說，諸如此類的困擾能腐蝕你的身體和心理。

人腦應付壓力的方法仍十分原始，和老祖先對付老虎猛獸的策略基本上沒有兩樣。一旦意識受到威脅，我們的身體便會馬上做出準備「戰鬥或逃跑」的反應，腦部會傳遞警告的訊息給腎上腺皮質，分泌腎上腺素，直衝入血液，在頃刻間推翻身體的正常運作。

腎上腺素會刺激一連串的反應：血壓升高、心跳加快、肌肉緊張、呼吸淺短急促、消化停止等等，使我們能夠參與打鬥、奔跑、跳躍以及極為敏捷地攀爬，這些都是為了使我們能應付外來的危機。

然而麻煩的是，今天的難題並不如過去那樣單純或直接。我們不會迎面遇上一頭猛虎、一群餓狼或是一隻憤怒的野牛，我們發現自己更可能遇到的是生活在快節奏、高效率、競爭激烈的社會，面對失業、貸款或是離婚等問題。而這些問題中，沒有一項易於解決，也沒有一種能以心跳加速、增高血壓或肌肉緊張來加以解決。我們的自然生理反應，已無法幫助我們有效或適當地應付困難。

儘管「壓力」是大多數疾病的根本原因，猶如死亡與繳稅，同樣不可避免。

可是大部分現代的壓力都是一些抽象的恐懼、焦慮與內疚，多半並非真正發生在我們周圍的事在引起反應，而是那些我們懷疑正在發生的事、我們認為可能發生的事，或是我們追悔已發生的事在引起反應。

奧理略大帝曾說：「假使你因外在的事物而痛苦，其實並不是那事物煩擾你，而是你對它的判斷令你苦痛。唯有你能棄絕這種評斷。」

英國小說家赫胥黎（Aldous Huxley）也說過：「經驗不是指發生在你身上的事情，而是指你如何去看待發生在你身上的事情。」

我們個人過濾一個事件的態度，決定了事件的壓力程度，外在的壓力事件基本上都像槍枝的扳機，如果你不去扣扳機，便不會有壓力。

多愛自己一點

事實上，學習愛自己比愛別人還難。——保羅．布雷格（Paul C. Bragg）

無論何時，我們總是無法取悅所有的人。

你知道，無論我們多麼謹慎、小心，總是有人會誤解我們的行為和態度。如果一個人無所事事，人們會挑剔他所沒做的事；如果他做了事，那麼人們會挑剔他所做的事。無論你做什麼事，都會有人懷疑為什麼你不做別的事。所以我們必須記住，自我價值不是由別人來鑑定。你是有價值的，因為你說你有價值；如果靠別人來判定你的價值，那便是別人的價值。

許多人患有一種「低估自己」的社會通病，這種病症常有某些貶低自己的行為。以下是一張行為清單，它們經常發生，可說是否定自我價值的典型。

□說話時總是引用別人的話。如：「我媽媽說」、「我先生覺得」、「人家常說」……。

□你的想法、意見總要別人來證實。如：「不相信你可以問小張」、「親愛的，對嗎？」……。

□在一間人很多的房子裡，有人喊著：「嗨，笨蛋！」你會回頭。

□拒絕別人對你的稱讚。「哦，那是陳年往事了。」、「沒什麼，我想只是幸運罷了！」

□有人稱讚你，你心裡想的是：「你要不是說客套話，就是安慰我。」

這種病無法一針痊癒，唯一的治療便是大量給予「愛自己」的藥。愛你自己，覺得自己是重要、有價值而且出色的。一旦你認為自己很棒，你就不需要別人來加強你的價值，也不必別人的行為遷就你的意思，藉以肯定你的價值。

「你就是你自己，絕對不會是誰。」所有你崇拜的偶像、英雄也都是人。他們每天和你一樣要吃要睡，你身上癢的地方，他們也會癢。你所崇拜的名星、政治家、老闆、老師、醫師，無論什麼人，他們只是善於他們幹的那一行，如此而已。

哈姆雷特的一句名言：「低估了自己的人，活該是要被低估的。」你是否也落入這種自我懷疑和自卑的情結？

找出「自卑」生長的地方，用「自愛」去鬆動它四周的土壤，然後播下「自尊」的種籽，你就會長成頂天立地的人。

我們常說，喜歡一個人何需理由？那麼，喜歡自己，當然更不需要理由。

羅德里克・索伯（Roderick Thorp）即說：「我們必須要學著當自己最好的朋友，因為我們太容易變成自己最大的敵人。」你可以用愛自己的能力，來向你所有的自我感覺挑戰。

記住，無論在任何時間、任何情形下，憎恨自己絕不會比愛自己的心態健康。愛自己是一切愛的開始。你永遠不可能喜歡別人更甚於自己，你自己沒有的東西就給不出去，你更不可能期望別人喜歡你、愛你更甚於你喜歡自己、尊重自己。

你不為自己，誰又能為你？積極地愛自己吧！用一百分愛別人，就用一百二十分愛自己！只要更愛自己，就不會在愛的顛狂裡迷失無依。你越喜歡你自己，你就越有自信；你越喜歡你自己，你的態度就越肯定，身體越健康，各方面都覺得更快樂。更愛自己，是解除痛苦的良藥。

既然如此，你可以藉由以下方法來提升自己，就是一遍又一遍，用堅定而熱切的語氣，大聲對自己說：「我喜歡我自己！我喜歡我自己！」

甚或說：「我愛我自己！我愛我自己！我愛我自己！」

請放下本書，發自內心，真誠地對自己說幾次「我愛我自己」。最好是在鏡子面前對著自己說。你第一次聽到也許會覺得好笑，可是非常有效，不妨一試。

人生有如一道彩虹，如此絢麗，卻又如此短暫，而我們的天空卻總是陰雨綿綿。為何不打開心胸，讓陽光雨露趕走蛛網塵封，激起屬於自我的絢麗彩虹呢？

一〇〇九次的努力

我才不會沮喪。因為每一次錯誤的嘗試，都把我往前更推進一步。——愛迪生（Thomas A. Edison）

一九四一年秋天，第二次世界大戰期間，英國正陷入苦戰。首相邱吉爾受到內閣閣員的壓力，要他和希特勒妥協，尋求和平之可能。

邱吉爾拒絕了，他說事情會有變化，美國會加入大戰，均勢將會打破。他的主張堅決，有人問他何以如此肯定，他回答說：「因為我研讀歷史，歷史告訴我們，只要你撐得夠久，事情總是會有轉機的。」

一九四一年十二月七日，日本偷襲珍珠港，距離邱吉爾的那番談話不過幾個星期。希特勒知道這個消息，立刻向美國宣戰，一夕之間情勢逆轉，美國的全部兵力都投向英國這邊。日本片面的軍事行動發生在世界的另一頭，卻牽動了世界局勢，使邱吉爾得以解救英國免於受到納粹德軍的摧殘。

堅持到底，在這個世界上，沒有任何事物能夠取代「毅力」。能力無法取代毅力，這個世界上最常見到的莫過於有能力的失敗者。天才也無法取代毅力，失敗的天才更是司空見慣。教育也無法取代毅力，這個世界充滿具有高深學識的被淘汰者。擁有毅力再加上決心，就能無往不利。

肯德基炸雞速食店的創始人山德士上校（Colonel Harlan Sanders）就是個典型的例子。原本他在一條舊公路旁有一家餐廳，後來新公路闢建之後，車子不經過這裡，他只好把餐館給關了。這時他已經六十歲了。

他認為他唯一的財產——做炸雞的祕方，一定有人要。於是就開始去拜訪那些他認為會願意投資在這張配方上的人。他問了一個、兩個……幾百個都沒有人要，但他還是認為「一定有人要」，並且不斷地研究對方不接受的原因。就這樣，經過一〇〇九次的嘗試，終於有人願意投資。他成功地創立了世界著名的速食公司，而且在大家認為沒有希望的年齡，才開始他的新事業。

毅力並不一定是指永遠堅持做同一件事。它的真正意思是說，對你目前正在從事的工作集中精神，全力以赴；它的意思是說，要做得比自己以為能做的更多一點、更好一點；它的意思是說，多拜訪幾個人、多走幾里路、多練習幾次，每天早晨早起一點，隨時研究如何改進你目前的工作和處境。

每一個成功人物的背後，都滿載著辛苦奮鬥。

某次貝多芬結束了精采絕倫的演奏後，身旁圍繞著讚美音樂奇才的人群。女樂迷衝上前呼喊：「哦！先生，如果上帝賜我如你一般的天賦，那該有多好！」貝多芬答道：「不是天賦，女士，也不是奇蹟。只要妳每天練八小時鋼琴，連續四十年，妳也可以做得像我一樣好。」這就是毅力。

毅力需要恆定的忍耐。《反敗為勝》一書的作者艾科卡曾說：「請把忍耐的樹，種植在你心中的庭院。」因為這句話，我們是不是可以在心底撐起更多美麗的碧綠，擴散出更多有益的蔭涼？

不要畫地自限

「這是沒辦法的事。」我們在不想努力時總是這麼說。——依娃・賴絲白瑞（Eva Lathbury）

有個農夫在農場展覽會上展覽一個形同水瓶的南瓜，參觀的人見了都嘖嘖稱奇，追問是用什麼方法種的。農人解釋說：「當南瓜長到姆指般大小時，我便用水瓶套著它，一旦它把瓶子的空間占滿，便停止生長了。」

人也是這樣，自我設限，就是把自己關在心中的樊籠裡，就像水瓶罩住的南瓜一樣，等於是放棄給自己成長的機會，成長當然有限。

我認識一位朋友，他們夫妻相處存在許多問題，太太經常抱怨他的自私、不負責任，從來沒有關心過她。

我問他：「為什麼你不好好跟妻子溝通？」他回答：「哦！我的本性就是這樣。」、「沒辦法，我就是大男人。」

這位朋友對他行為的解釋，是他的自我定義。這源自於過去他一直如此，其實是在說：「我在這方面已經定型了。」、「我要繼續成為長久以來的那個樣子。」人生若抱持這種態度，根本就是在扼殺可能的機會，從而給自己留下永久而無可改變的問題。

標定自己是何種人——「我一向都是這樣，這就是我的本性。」這種態度會加強你的惰性，阻礙成長。因為我們容易把「自我描述」當作自己不求改變的辯護理由。更重要的是，它幫助你固持一個荒謬的觀念：如果做不好，就不要做。

丹麥哲學家齊克果（Soren Kierkegarld）說：「一旦你標定了我是什麼樣的人，你就是否認了我。」

一個人必須去遵守標籤上的自我定義時，自我就不存在了。他們不去向這些藉口以及其背後的自毀性想法挑戰，卻只是接受它們，承認自己一直是如此，終將帶來自毀。

有一則寓言說：一隻青蛙和一隻蠍子同時來到河邊望著滾滾流水，正思索著要如何過河而發愁著。

這時蠍子開口向青蛙說：「青蛙老弟，不如你背著我，而我指引方向，我們就可以到達對岸。」

青蛙說：「我才不傻，背你，搞不好你毒針亂刺，我隨時一命嗚呼。」

蠍子說：「不會，不會，因為如果你在河中溺水，那我不也完了嗎？」

青蛙一想有道理，就背著蠍子向對岸游去。在河中央青蛙忽感身上一陣刺痛，破口大罵蠍子：「你不是承諾不刺我的嗎？為什麼背叛諾言？」

蠍子臉不紅氣不喘、毫無悔意地說：「沒有辦法，這是我的本性啊。」

這則寓言，不正印證了許多人總是用「我沒辦法，我一直就是這樣」來掩飾自己行為的過錯，而不去注意約束自己嗎？

沒錯，描述自己比改變自己容易多了。無論什麼時候你要逃避某些事，或掩飾人格上的缺陷，總可以用「我怎樣怎樣」來為自己辯解。事實上，這些定義用了多次以後，經由心智進入潛意識，你也開始相信自己就是這樣，到那時候，你就定了型，以後的日子注定就是這樣了。

記住，無論何時，你一旦出現那些「逃避」的用語，馬上大聲糾正自己。把「那就是我」改成「那是以前的我」；把「我沒辦法」改成「如果我努力，我就能改變」；把「我一向是這樣」改成「我要力求改變」；把「那是我的本性」改成「我以前認為那是我的本性」。任何妨礙成長的「我怎樣怎樣」，均可改為「我選擇怎樣怎樣」。

不要做一個受制於自我的困獸。衝出自製的樊籠，做一隻翱翔的飛鷹吧！

別讓壞習慣綁手綁腳

事實上，成功者與失敗者之間唯一的差別在於，他們擁有不一樣的習慣。——曼迪諾（Og Madino）

「人是習慣的奴隸，」柏拉圖告誡一個遊蕩的青年說，「一種習慣養成後，就再也無法改變過來。」那個青年回答：「逢場作戲有什麼關係呢？」這位哲學家立刻正色說道：「不然，一件事一經嘗試，就會逐漸成為習慣，那就不是小事啦！」這實在是真理。

義大利詩人但丁（Dante）曾說：「熊熊烈焰起於星星之火。」老子《道德經》六十四章亦云：「合抱之木生於毫木，九層之臺起於累土，千里之行始於足下。」

習慣的養成有如紡紗，透過一再地重複，細線變成粗線，再變成繩索。每一次我們重複相同的行為，就增加並強化它，繩索又變成繩纜，再變成了鏈子，最終，就成了根深蒂固的習慣，把我們的思想與行為纏得死死的。

跳蚤是非常有意思的小東西。牠們吸食動物和人類的血液，是跳高能手。如按個頭計算，也許牠們比所有動物跳得都高。

如果我們將一隻跳蚤放在一個開口的容器裡，它就會跳得比容器口還要高。稍待一會兒，我們將容器的口蓋上，看看會發生什麼事。跳蚤還會繼續向上跳，但這回牠的頭撞到了蓋子。之後，牠還會再跳，相同的情況又發生。這樣經過一段時間後，跳蚤就養成習慣了！然後移開蓋子，再看牠，還是跳，但所跳的高度再也不會比原來蓋蓋子之前高了。這時儘管實際障礙已經去掉，但跳蚤認為障礙依然存在，也就永遠都跳不過了。

讓我們仔細想想，在我們心裡面，有沒有像容器和蓋子那樣的習慣把我們限制住，讓我們無法跳脫，也無法發揮力量？

習慣，充斥在我們的生命中。每天幾點起床、就寢，是一種習慣；穿衣的姿勢、顏色的喜好，是一種習慣；甚至我們怎麼吃、怎麼做事，都是習慣在主導。

英國桂冠詩人德萊敦（John Dryden）在三百年前就說過：「首先我們養出了習慣，隨後習慣養出了我們。」

我們之所以有今天，乃是習慣所造成的，如果我們想要有跟先前截然不同的人生，那就要有巨大的改變，而唯一之途，便是換個完全不同的行為模式。

查爾斯・謝靈頓博士，是腦生理學方面的專家。他堅持認為「在學習過程中，神經細胞的活動模式與磁帶錄音相類似」，每當我們記憶起以往的經歷時，這個模式便會重新展示出來。

馬克斯韋爾・馬爾茨博士在他的《心理控制論》一書中，進一步闡述了上述觀點。他說：「科學證實了一點。人腦中確實留下了人類行為、活動方式的烙印。當你過去的行為復活時，與之相伴的感情色彩也將同時復活。」

如果你對失敗習以為常，你將易於接受失敗的習慣感情，這種感情色彩將在你所做的一切事情中留下烙印。同樣的，如果你能建立起一個成功的模式，你便能夠激勵起勝利的感情色調。

你所交往的朋友、你所去的地方、你所聽到或看到的事物，全都記錄在你的記憶中。要改變你的心理習慣，最有效的方法之一，即是實行二十一天境隨心轉法。在這二十一天當中，每天每刻心中所想、口中所言、行為所至都要專心扮演那個你想成為的人。你的每種態度都要符合你心目中理想人物的要求。

為什麼需要二十一天？

馬克・吐溫（Mark Twain）在《傻威爾遜的日曆》一書中曾說：「習慣就是習慣，任何人都無法把它一下子拋出窗外，而要像下樓梯，一步一階，慢慢去改。」

據研究，一個成年人養成新的思考習慣需要十四到二十一天，讓大腦構築出一條新的神經通道，這也就是為何要花二十一天培養新習慣的原因所在。「我們是習慣的動物。」心理學家相信，人類百分之九十五的行為透過習慣養成。壞的習慣，就像一條太多孔洞的破船，任你想盡辦法，也無法阻止它往下沉，那麼何不趁早棄船逃生呢？

找到心的方向

事實上，世界上沒有一件事可以阻止一個有積極態度、明確看見自己人生目標的人。

——衛特利（Denis Waitley）

你可還記得，在《愛麗絲夢遊仙境》一書中，當愛麗絲來到一個通往各個不同方向的路口時，她向小貓邱舍請教。

「邱舍小貓咪，能否請你告訴我，我應該走哪一條路？」

「那要看妳想到哪兒去。」小貓咪回答。

「到哪兒去，我都無所謂——」愛麗絲說。

「那麼，妳走哪一條路，也都無所謂了。」小貓咪回答。

這可愛的小貓咪說的可真是實話，不是嗎？如果我們不知道要前往何處，那麼，任何道路都可以帶我們到達不同的目的地，只不過未必是你要的目標而已。

目標，一直是人類歷史中每一項成就的起點，步驟永遠一樣：一個夢想成為目標，目標成為一項成就。要想把看不見的夢想變成看得見的事實，首先要做的事便是訂定目標。目標會引導你的一切想法；而你的想法便決定了你的人生。

一塊浮木只能隨波漂流，任水浮沉；沒有一定方向的時候，只要一陣微風，就會把你吹得暈頭轉向。可是一個擁有地圖和羅盤的舵手，即能掌穩他的舵，認清他的方向，有目的地前進。

沒有目標地活著，就像沒有目的地的旅行。

美國兒童文學女作家，著名小說《小婦人》的作者露意莎・梅・奧爾科特（Louisa May Alcott）曾比喻說：「在那遠處的陽光中有我至高的期望。我也許不能達到，但我可以仰望並見到它們的美麗。相信它們，並設法追隨它們的引領。」目標是工具，它賦予我們把握自己命運的方法；目標是路標，它把我們引向充滿機會和希望之途。

若能依循夢想的方向，滿懷信心地前進，並竭力去過自己所憧憬的生活，便能獲得出乎意料之外的成功……。你若在空中造了樓閣，你的努力便不會迷失；樓閣原該在那裡，現在只需在它們下面打基礎。——十九世紀美國作家亨利・大衛・梭羅（Henry David Thoreau）

有了目標，內心的力量才會找到方向。毫無目標地飄蕩終歸會迷路，而你心中那一座無價的金礦，也因不開採而與平凡的塵土無異。

有位哲學家有次漫步於田野中，發現水田當中新插的秧苗，竟是排列得如此整齊，猶如丈量過一般。

他不禁好奇地問田中工作的老農是如何辦到的。

老農忙著插秧，頭也不抬地回答，要他自己取一把秧苗插插看。

哲學家捲起褲管，興沖沖地插完一排秧苗，結果竟是參差不齊，雜亂無章。

他再次請教老農，如何能插一排筆直的秧苗，老農告訴他，在彎腰插秧的同時，目光要盯住一樣的東西，朝著那個目標前進，即能插出一列漂亮的秧苗。

哲學家依言而行。不料這次插好的秧苗，竟成了一道彎曲的弧形。

他又請教老農，農夫不耐煩地問他：「你的眼光是否盯住一樣東西？」

哲學家答道：「有啊，我盯住那邊吃草的水牛，那可是一個大目標！」

老農說：「水牛邊走邊吃草，你想，這道弧形是怎麼來的？」

哲學家恍然大悟。這次，他選定遠處的一棵大樹。

明代哲學家王陽明曾堅定地說：「志不立，則天下無可成之事，雖百工技藝，未有不本於志者；志不立如無舵之舟，無銜之馬，飄蕩奔逸，無所底止。」沒有目標的人或目標不斷飄移的人生，亦如無舵之舟，無銜之馬，在茫茫人海中，飄蕩奔逸，隨波逐流，就像哲學家所插的秧苗一樣，終將一無所成。

美國著名的石油大亨韓特，曾經在阿肯色州種棉花，搞得一敗塗地，後來卻變成世界上最有錢的人之一。有一次有人問到他成功的祕訣是什麼。

他說：「想成功只需要兩件事，第一，看清楚你要的是什麼，而大多數人從來不知道要這麼做。第二，要有必須為成功付出代價的決心，然後想辦法付出這個代價。」

當你提出你的目標，並計畫著如何實現它的時候，你可以把每一個具體的目標當作是一條小溪，它們將會流向大河，也就是中期目標，並最終歸於大海，也就是你的終極目標。拿破崙說：「一個人只曉得要往何處去，是不會走很遠的。」這些小小的溪流最終是流入大海，還是在半途枯竭，完全取決於你的堅持。

亨利・福特曾說：「所謂的障礙，就是你把眼光從目標移開時所見的醜惡東西。」不管遇到多少麻煩，絕不要輕易放棄你的目標，把阻擋在路上的絆腳石當作踏腳石，繼續向你的目標邁進。記住那句老話：「滴水穿石。」

追求你自己的生活目標時不要顧慮，最糟的結果不過是你得不到它，最好的結果則難以想像。

你還在等什麼？

別為拖延找藉口

一個人在事還沒做之前便想逃避，待事到臨頭時會覺得更痛苦。——塞尼加（Seneca）

在《讀者文摘》的珠璣集內，我曾看到這樣的一句智慧哲語：理論上，土蜂不能飛，牠自己不知道，卻飛得高高興興！

這句短短的哲語，帶給我極大的啟發，並激勵我在往後的歲月裡，無視一切艱難險阻，「高高興興」地為實現自我的理想而努力。

每當我想要為自己屈服於現實的狀況找臺階下時，就想起無視於「理論」的土蜂。我相信任何一個在事業上有成就的人，都不會屈服於任何失敗的「理論」。

遺憾的是，大多數人從不這麼做，他們不為成功找方法，反而為失敗找藉口。不是家境不好、沒有背景，便是學歷不足、沒有機會，甚至怪罪到自己年紀太老或太小。這些藉口其實都不是理由，它只會限制個人能力的發揮，甚至毀掉自己的一生。

請稍微想想凱撒吧！你知道嗎？凱撒是在夜裡，當其他的羅馬士兵都在睡覺的時候，在營帳內孤燈下寫出戰役回憶錄，然後第二天又出去作戰；你知道嗎？鋼琴大師保羅・威肯斯坦，是在第一次世界大戰失去右手後，才用單手演奏出由高音域到低音域縱橫飛躍的「左手鋼琴協奏曲」；而貝多芬則是全聾之後才創造出不朽的音樂；你曾想過嗎？世界上三位偉大的史詩詩人荷馬、但丁以及米爾頓，全都是盲人。

請再想想被譽為「短篇小說聖手」的歐・亨利吧！他曾經含冤入獄，被判五年徒刑。他沒有自暴自棄，反而投入寫作，一舉成為最偉大的短篇小說家。現在他的書籍銷售了六百萬冊以上，差不多每個國家都有譯本。

路德在身陷華特堡時翻譯了《聖經》；約翰・班揚因遭諱而被逮捕，坐了十二年的牢，在又冷又溼的土牢中，完成了《天路歷程》這本驚人鉅著，除了《聖經》

之外，它是第一本在世界上行銷最廣的書。幾乎無人不曉的《唐吉訶德傳》，則是塞萬提斯在馬德里獄中寫成的；就連《太陽城》，也是唐帖內拉二十多年鐵窗生涯的結晶。

看了這些，下次當你說你會做，而又明知你不會做時，請記住這些話，它是找理由拖延的解藥。

多納德・馬奎斯（Donald Marquis）稱拖延是「依戀昨天的藝術」。我還要補充一句：「同時也是逃避今天的法寶。」這就是拖延的作用。

俗話說：「明日復明日，明日何其多。」下決心明天或下週才開始運動、戒菸，因為拖延比開始做容易。所以你說：「我明天再開始。」當然，所謂明天才開始，永遠不會有這一天。

把拖延當作生活方式，乃是我們用來逃避去做的一貫伎倆。不做的人通常是愛批評的人，也就是自己坐著不動，看人家做，並且還對人家的行為品頭論足。批評容易，力行則需要努力、堅持與改變自己。

戒菸！現在就戒！戒酒！說戒就戒！開始運動！現在開始！

放下這本書，做三個伏地挺身，當作運動計畫的開始。這就是解決問題的辦法——現在就做！

去做！你是唯一能夠阻止自己的人。你看，多麼簡單，只要「去做」！記住，甚至連一滴汗水也不要浪費在拖延上面。

心動不如行動

靈魂的喜悅在於行。——雪萊（Parcy Bysshe Shelly）

如果你希望做成一件事，你會怎樣著手進行呢？首先，問你自己：「我是否應該要做這件事呢？」考慮之後，如果這件事是正當的，在你的心裡切勿再存懷疑，明確地去做吧！

愛默生曾說：「去，把你所想的化為實際行動！」這句話給我的人生帶來很大的影響。

福特（Henry Ford）這位號稱美國「汽車大王」的企業鉅子，說得更簡單：「不管你有沒有信心，去做就準沒錯！」

有些人所以不能成就大事，是因為他們沒有把行動的力量發揮出來。根據生命的定律，命運的門關閉了，信仰會為你開另一道門。所以我們應該積極尋找另一道敞開的門，而在幸運之門前向你招手的，就是「行動」。只有不停地從事有意義的行動，我們才能從挫折、不幸的境遇中解放出來。

就像是騎自行車，當車向前走的時候，我們很容易保持平衡，一旦車停下來，要想保持平衡就十分困難。

你大可成天對著田中的乳牛數落牠的不是，但這樣做既無法增加牠的乳量，又無法把牠從田中趕出來，無異是對牛彈琴。換個做法，你何不把牠牽出來栓住，在草地上搭個圍欄，這樣既可以餵飽乳牛，又可防止牠再闖進田中。

成功與失敗的分野在於：前者動手，後者動口，卻又抱怨別人不肯動手。

論語說：「君子欲訥於言而敏於行。」這句名言翻譯成白話文便是：君子與其發揮三寸不爛之舌的威力，不如勇於實踐。簡單地說就是行動勝於言論。這豈不是許多人應該反省的嗎？

人的言行未必一致。要了解一個人，看他的行為比聽他說更準確。你現在的所作所為，是你是怎樣一個人的唯一指標。

愛默生說：「不要說個不停。你是個怎麼樣的人，此刻就明擺在眼前，比你說的更清楚，所以我不用去聽你的反面之詞。」

在我們的人生裡，很多人都知道哪些事該做，然而真正力行去做的人卻不多；樂觀而沒有積極的作為來配合，就只是一種自我陶醉。

我有一位朋友在孩童時就一直想學鋼琴，但他沒有鋼琴，也沒有上過課、練過琴。為此他深感遺憾，決定長大後一定要找時間去學鋼琴，但他似乎沒有時間。這件事讓他很沮喪，當他看到別人彈鋼琴時，他認為「總有一天」他也可以享受彈鋼琴的樂趣。但從我認識他以來，這一天總是那麼遙遙無期。

光是知道哪些事該做仍是不夠的，你還得拿出行動力才是。赫胥黎的名言：「人生偉業的建立，不在能知，乃在能行。」用心訂下的目標，如果不付諸行動，便會變成畫餅。

期盼大家不僅認識這些教誨，更要去實踐它。因為知道是一回事，去做又是另一回事。

《聖經》雅各書說：「只是你們要行道，不要單聽道，自己哄自己。因為聽道而不行道的，就像人對著鏡子看自己本來的面目，看見，走後，隨即忘了他的相貌如何。」

鼓起勇氣去做你一直想做的事，一次有勇氣的行為，可以消除所有的恐懼。不要告訴自己非做好不可，記住，去做，比做好更重要！

偉大的藝術家米開朗基羅曾看著一塊雕壞了的石頭說：「這塊石頭有一個天使，我必須把他釋放出來。」

成功的畫家盯著畫布說：「裡面有一幅美麗的風景，等著我把它畫出來。」

作家盯著稿紙說：「這兒有一本曠世名著，等著我把它寫出來。」

企業家說：「我有很好的創業理念和理想，我一定會做到，它等著我將它達成。」

你呢？我們往往都只看見理想或是夢想，卻從不採取行動。為什麼不採取行動呢？讓我們把我們的夢變為可能，並且勇敢地去追求吧！

迎向未知

要改變你的人生，只需要一個人——你自己。——露絲・凱西（Ruth Casey）

為什麼許多人對於現況明明不滿，可是卻不願努力去改變呢？那是因為他們知道，任何改變都會把他們帶向另一個未知。而大部分人對於未知都抱著一種恐懼的心理，唯恐它會帶來預料不到的痛苦。

俗話說：「一鳥在手，勝過二鳥在林。」這足以說明人們喜歡做自己熟悉、已經掌握的事，也無怪乎大家都不願拿出行動來改變自己的命運。

對大部分人的感受來說，「得到」的快樂，遠不如「失去」所帶來的痛苦。請問，盡力防止十萬元被偷跟努力去賺十萬元，你會選擇哪一項？事實上大多數的人寧願多花精神守住他們已有的，而不願冒險去追求心裡所希望的。

無論什麼時候，只要我們向未知的領域邁進一步，就是一種挑戰；挑戰就具有威脅性。

想想看哥倫布，當時每個人都警告他，他的船會從地球邊緣掉下去，但他卻仍執意前行。因為，探索未知就要冒險，而冒險就要有失敗的心理準備。

失敗又代表什麼意義呢？如果你沒有完成原先要做的事情，就是失敗了。是這樣的嗎？哥倫布原本是要尋找新的航線到印度，然而他卻意外發現了美洲。他失敗了嗎？當然沒有！他只是沒有完成原先要做的事。

任何挑戰也都一樣，你在到達一個目標的路上，可能會發現另一個目標，更重要的是你將獲得經驗、學習、成長和改變。我們不可能總是順利地直接從甲地到達乙地——關鍵不是到達乙地，而是要離開甲地！

若是一條路上有了分岔口，一邊安全，一邊充滿未知，你要走哪一條？美國詩人羅伯·佛洛斯特（Robert Frost）在〈沒走過的路〉一詩中給了答案：

森林中岔開兩條路，我——
我走人跡罕至的那條，
那裡是迥然不同的天地。

你安排了一趟旅程，一切都計畫得好好的，卻因汽車拋錨，打亂了所有的布局。

在計畫之前，你當然沒有把這場意外的遭遇算進去，行程被破壞的你因此感到懊惱，但你以步代車，隨意亂走，竟發現了世外桃源，那裡有著和你先前設計的行程完全不一樣的風景，充滿了驚奇。

在真正的人生中，我們永遠不知道下一步會發生什麼事，很可能就是下一刻所發生的事，整個改變了我們的人生方向，在一瞬間展現出另一副人生面貌。

其實，冒險是成功重要的一環，又是成長的必要條件，正如海倫・凱勒（Helen Keller）所說：「人生要不是大膽冒險，便是一無所獲。」如果我們不願冒險，我們就不配得到成功。成功不會白白臨到，我們必須去贏得它。

不要怕任何改變，人生中任何勇敢的改變，回想起來都是值得的。想想那些被視為天才的人，他們的一生多麼豐富生動——羅素、耶穌、哥白尼、伽利略、達文西、愛因斯坦、法蘭克林。這些人以及許多類似他們的人，都是探索未知領域的先驅、冒險家，他們也都是人，跟你我一樣。唯一不同的是，他們願意走別人不敢走的領域。

在非洲行醫多年的史懷哲說：「沒有任何人是和我不同的。」你可以用新的眼光來看看自己，讓自己去嘗試接受在你能力範圍之外的新經驗，若不這樣，你就只能一直去做「例行公事」，按照自己的「流水帳」過日子，走同樣的路，直到進棺材為止。

記住，成長的反面就是保持原狀與死亡。因此，你可以下決心每天以新的方式生活，自然而有活力；要不然你就是害怕未知，保持原狀，即是心理上的死亡。

花時間做十件事

每一天都應該過得像是最後一天。——帕里黎厄斯・席勒斯（Publilius Syrus）

成功者不去找尋時間，他們創造時間。

二百多年前，富蘭克林（Benjamin Franklin）說：「時間就是機會，若要充分地活著，我們必須學習善用時間。」富蘭克林那本知名的自傳裡，充滿了他如何掌握時間的例子。管理大師艾科卡（Lee Iacocca）寫了一本自傳，幾乎像富蘭克林的自傳一樣暢銷。艾科卡說：「他所學到最寶貴的事情，就是有效地利用時間。」

早晨當你醒來，看吧！有寶貴的二十四小時——由宇宙素材所締造的「你的」生命。它是你的，是最有價值，也是最有限的資源。不論你能活多久，都只有一定量的時間是由自己支配。

時間是生命，是不可逆轉的，浪費時間，就是浪費生命。

英國著名的小說家道格拉斯（Norman Douglas）曾說：「最幸福的人生，正確的說，也不過是一些短短的零星時光之串連而已。」

要充分利用每一天，要意識到成功始於一些小事。有了這種意識，你將欣賞每一個小小的成功，享受每天的小小歡樂；而你也將會珍惜每天的每一個小時。

撕去一張日曆，是那麼輕而易舉，但是要想把握住一天，卻不是那麼容易的事。這世界上之所以只有極少數人成就偉大的事業，乃是因為絕大多數人不夠用心，不懂得把所擁有的能力好好發揮，以至於一生就此無聲無息地結束。

生命已然短暫，而浪費時間則使生命更短暫。你可知道，是什麼決定了你的人生？那就是你得學會辨識出什麼是該做的事，而別把精神輕易耗擲在瑣碎的事物上。

十八世紀德國哲學家歌德的哲言：「如果我們把時間用在對的事情上面，我們永遠都會有時間。」至於什麼是對的事情？就是那些你應該去做，而不是想做的事。不過，我個人認為有十件事情是每個人都應該花時間做的：

花時間思考——這是智慧的根源。
花時間工作——這是成功的代價。
花時間助人——這是快樂的泉源。
花時間閱讀——這是知識的基礎。
花時間去笑——這是去除煩憂的妙藥。
花時間健身——這是財富與生命的保障。
花時間沉思——這是淨化心靈，身心合一的捷徑。
花時間娛樂——這是享受人生，永保青春的祕方。
花時間愛人——這是生命最動人的樂章。
花時間計畫——這是如何有時間做前九件事的要訣。

現在你正在善用時間，因為你正在閱讀這本書。如果你一直都能這樣有智慧地使用，永遠專注地把時間用在最有價值的事情上。這就是贏家與輸家的分別。

羅馬皇帝奧里留斯說：「不要滿不在乎地過日子，好像你可以活一千年似的！」人生苦短，讓我們珍惜每一個現在吧！

珍惜生命中的每一天

明日的命運，縱然你再聰明，你也無法預言，無法揣測；因此，莫虛度今天，因為它不再回來。——奧瑪．卡亞姆（Omar Khayyam）

日本有句俗諺：「勿思明日櫻花在，夜半風來花瓣落。」這句話是說，不要冀望明天，貴能掌握今天，因為今朝開得好好的櫻花，說不定會被夜半的一陣風吹得殘落不堪。此語道破如幻夢的人生，是如此難以捉摸。

曾把精湛的演技傳授給許多舞臺和銀幕明星的著名表演指導、已故的李．斯特恩伯格，總是告誡他的學生說：「從此刻到下一刻，銀幕和舞臺上的每一秒鐘都是十分寶貴的，不要因為思慮著下一幕中會發生什麼，而浪費眼前的一瞬間。」

這個道理也適用於日常生活中，要把握現在。許多人因沉浸於以往的歲月，或者現在還無暇顧及的未來事件，而浪費了很多的時光。他們沒有意識到，現在比過去和未來都重要得多。正如一部電影是由一個又一個小小的鏡頭構成的一樣，你的生命是由數百萬個小小的時刻組成的，不要放棄了這其中的任何一刻。

小張成績一直不理想。當他正在上課的時候，他心不在焉，想著過去或未來的事，他的現在就白白溜走了。

劉太太決定到郊外散心，沉浸在大自然中，享受她的「現在」。然而，人還在森林中，她的心思卻已飛向回家後要做的事——照顧孩子、打掃房子、工作、買家用品。「現在」，被過去與未來的事所占滿，這樣一個難得的機會，卻無法在自然美景中享受現在的快樂，反倒失落殆盡。

李先生正在看一本書，準備考試。突然他發現，他只看了三頁，而他的心思早已飛上九重天。雖然眼睛盯著每一個字看，實則他的現在已被昨晚的電影劇情，或擔心下星期的考試所占去了。

在我們的文化中，「逃避現在」幾乎是一種病，我們不斷受到制約，為了

「將來」而犧牲「現在」。我們把今天遺失在昨天和明天的想像中，這是因為大多數人受到「昨日、明日複合症」糾纏。

羅馬哲學家塞尼加（Seneca）即說：「有些人以回憶過去折磨自己，有些人則因憂慮不幸將至而難過痛苦。這兩者都可笑至極，因為一個與現在的我們無關，而另一個則尚未有關。」

美國著名記者朵樂蒂・狄克斯（Dorothy Dix）說得好，她說：「我曾走過貧窮與病痛的深谷。當人們問我，是什麼使我通過大家都會遭遇的苦惱，我總回答：『我既已度過昨天，就能熬過今天；我不允許自己去想明天會發生什麼事。』」

我們應該知道，我們不是活在過去的經驗裡，也不是活在未來的想像中，而是活在現在的事實裡。請記住，不要因為目光注視著天上的星光，而看不見你周遭的美麗景觀，踏毀了在你腳下的玫瑰花朵！

去做！珍惜現在，抓緊你生命中的每一秒鐘，品嘗、享受它，你一定比那些只會「瞻前顧後」的人，活得更踏實、更快樂！

堅持下去

一件事情，一旦好好開始以後，在贏得一切之前，不應中途棄置。——莎士比亞

我曾聽過一個故事。這個故事講一個當年到西部去淘金的人，他花了好幾年的時間在一塊地上挖掘，他相信那裡有黃金。

一天又一天，不斷地揮動鋤頭，每天辛苦地工作。最後，失望的病毒侵襲他：他以極度無奈和絕望的姿勢把鋤頭往地上摔，收拾好自己的裝備，離開了那個地方。

幾年以後，鋤頭生鏽了，把柄也腐爛了，但是在距離這兩件東西一百八十公分的地方，竟發現了一個大金礦！

堅持、不退縮和永不放棄——就是這個故事的答案。許多人常半途而廢，只要

他們再多花一點力量，再堅持一點點時間，那些已經花下大功夫爭取的東西就會得到。真可惜，當目標就要達到時，卻一下子放棄了。英國詩人威廉・古柏（William Cowper）曾語重心長地說：「即使是黑暗的日子，能挨到天明，也會重見曙光。」

這是事實，最後的努力奮鬥，往往是勝利的一擊。

拿破崙・希爾發現，每一個他訪問過的富人都有個共同特徵，在他們成功之前，都遭到非常大的險阻。表面上看來，事情是該罷手了，放棄算了，殊不知自己正在突破的邊緣，就差這一步便可到達終點。

英國有一位叫約翰・克里西的作家，年輕時勤奮寫作，但得到的卻是接二連三的沉重打擊：七百四十三封退稿信。在如此打擊後，他是怎樣面對的呢？

他說：「不錯，我正在承受人們所不敢置信、大量失敗的考驗。如果我就此罷休，所有的退稿信都變得毫無意義。但我一旦獲得了成功，每一封退稿信的價值都將重新計算。」

終於，他以意志力和不屈不撓的努力戰勝了挫折。到他逝世為止，一共出版了五百六十四本書，無數的挫折，因他的勇氣和韌性而化成了驚人的成功。

馬丁・路德・金恩博士（Martin Luther King.）提醒大家：「我們可以接受有限的失望，但是一定不能放棄無限的希望。」

許多現在看似恆星一樣的事物，是經由困苦的掙扎與看似失敗的過程而產生的。林肯在發表蓋茨堡演說後，以為自己做了一件很糗的事。

有「捷克國民音樂之父」之譽的史麥・坦納，是在他失聰後完成著名的交響詩《摩爾道河》；韓德爾是在醫生告訴他，他將不久於人世之後，譜出最佳的樂章；湯瑪士・愛迪生夢想製作有聲電影，他試了一次又一次，直到化不可能為可能。

值得讓人記憶的，都是那些永不放棄的人。從外觀上、從他們朋友眼中看來，他們不過是常人，但他們每一個人心中都蘊藏著特殊的光芒。

我想起海明威在《老人與海》中，藉著老人的話，對生命、挫折與挑戰做了這樣的詮釋：「一個人可以被毀滅，但不能被擊倒！」

在你到達終點之前，老天似乎想要給你一個期末測驗；當你在最困難的情況下，更要控制你的心、堅強你的意志，相信困難只是必然的過程，黑暗之後一定能夠看到陽光！

下回在你遭遇困境想放棄時，別忘了提醒自己：人生有如四季的變遷，此刻只不過是人生的冬季而已。正如英國浪漫主義詩人雪萊（Percy Bysshe Shelley）所說：「若冬天已至，春天還會遙遠嗎？」

比挫折更強

只有在凜冽寒風裡顫抖的人，才能感受到陽光的溫暖；同樣的，飽嘗人生的折磨者，始能領悟到生命的可貴。——懷特曼

壓力與挫折，是考驗個人智慧的終身課題，每個人都必須找到屬於自己的排解方式，既不能逃避現實，也不能總是躲在角落中自怨自艾。羅曼羅蘭的一句話：「人生就是戰鬥。」僅此寥寥數字，曾經伴隨我經歷不少艱辛歲月，越過不少坎坷道路。

在《戰地春夢》（Farewell to Arms）這本有關第一次世界大戰的著名小說裡，海明威（Ernest Hemingway）即說：「世界擊倒每一個人，之後，許多人在心碎之處堅強起來。」

的確，歷史上充滿許多有趣的例子，有很多人把絆腳石變成墊腳石，並且因

而對社會有傑出的貢獻。我國學者和詩人羅蒙諾索夫，原是個捕魚青年，求學時一個拉丁字也不識，被人譏為「大傻瓜」，連老師也叫他坐到最後一排，羞辱他。正是這種處境激勵了羅蒙諾索夫，使他後來變成一個大學者，並成為世界歷史上第一個創立大學的人，被譽為「俄國科學的始祖」。

眾所周知的日本松下電器公司創始人松下幸之助，是一個只念了四年書、一貧如洗、體質虛弱的窮孩子。這位飽嘗人間辛酸的少年，他不憤世嫉俗、從不氣餒，在人生的「大學」裡吸吮、積累著，從而建立了他自己的「松下哲學」。

在二十四歲那年，他終於捕捉到創業的機會，用他僅有的一百日元創辦了「松下電器公司」。憑藉他執著的信念、誠實的品格、縝密的經營方略，終於獲得成功，建立了一百三十個工廠，成了龐大的「松下帝國」！

松下幸之助的成功，恰是得益於他那段含辛茹苦的少年經歷。從這個意義上來看，挫折和逆境常會讓人創造出重新崛起的機遇。

記住柏拉圖的話：「人類沒有一件事是值得煩惱的。」每克服一次挫折，你便提升了一次自我。

一位拳擊高手參加錦標賽，自信十足地認為一定可以勇奪冠軍。卻不料在決賽時，遇到一位實力相當的對手，使他難以招架。拳擊高手警覺到自己竟然找不出對方的破綻，而對方的攻擊卻往往能擊中他的要害。

比賽結果可想而知，拳擊高手慘敗在對方手下，也失去了冠軍寶座。

他懊惱不已地下臺找他的教練，並請求教練幫他找出對方招式的破綻。

教練笑而不語，在地上畫了一道線，要他在不擦掉這條線的情況下，設法讓這條線變短。

拳擊高手苦思不解，如何能像教練所說的，使地上的線變短。最後還是放棄繼續思考，而求教於教練。

教練在原先那條線的旁邊，又畫了一道更長的線，兩者相較之下，原先的那條線，看起來變得短了許多。

教練開口道：「奪得冠軍的重點，不在如何攻擊對方的弱點。正如地上的長短線一樣，只要你自己變得更強，對方也就在無形中變得較弱。」

應付挫折的道理也是一樣，你強它就弱，你弱它就強。假如你仔細觀察自己的逆境，你將發現它是值得利用的法寶。不要一味地陷入自我的貶抑中。要知道，你的逆境可以作為懶惰或膽怯的藉口，但也可用來突破困難，提升自我。

富蘭克林曾說：「令人受傷的事會教育我們。」或許這就是為什麼常有人說，人生中最痛苦的一些教訓，也是最有價值的教訓。沒有巨石當道，怎能激起燦爛的浪花？因此，無論我們遭遇身體或情緒的創痛，最要緊的便是在創痛中尋找某些意義。

痛苦教導我們某些事情，但我們必須樂於從中學習。如此，我們才能從中領悟，使人生得以更上一層樓。

「流淚播種的人，必歡喜收割。」這句《聖經》上的哲語，是否帶給你深刻的悸動？

反敗為勝

我才不會沮喪。因為每一次錯誤的嘗試，都會把我往前更推進一步。——愛迪生

每個人都失敗過，不是一些人，也不是大多數人，而是每一個人都失敗過。

去問一問你所認識的成功者他們曾否失敗？你可能會聽到一個像這樣的反問：「你想聽哪一次的失敗？」當我開始接觸越來越多的成功人士，我發現，這些成功人士的失敗經驗比我更多，所以我的失敗算不了什麼。

幾千年前，孔夫子就說過，我們最大的榮耀不是我們從未失敗過，而是我們能夠再接再厲。

有人問一小孩子，他如何學會溜冰？小孩的回答是：「我每次跌倒後，立刻就爬起來！」道理很簡單，多數人卻做不到。跌倒不算是失敗，跌倒後卻站不起

來，才是真正的失敗。

每個人在一生中都有一門重要的學問要學，那就是怎樣去面對「失敗」，處理的好壞，往往決定一生的命運。

朱德（H. Stanley Judd）曾說：「不要害怕失敗，不要浪費力氣在試圖掩飾失敗。從失敗中學習，並迎向下一個挑戰。失敗無關緊要，如果你不失敗，你就不會成長。」人生中的失敗，儘管痛苦，卻能成為我們最寶貴的學習經驗，給予我們再生力量的最大源頭。

「不幸是比幸福更好的老師。」像巴頓將軍（General George S. Patton）所說，「成功是當你掉到谷底時，能夠反彈跳得多高。」成長是一個「錯了再試」的過程。失敗的經驗和成功的經驗一樣可貴。

日本本田汽車創始人本田，在他的傳記中寫道：「我的人生是失敗的連續。」假如他不是這樣堅定的話，是沒有辦法從一位修理腳踏車的小工，成為今天世界上著名汽車廠的老闆。

還有大家所知曉的發明大王愛迪生，想想如果他在任何工作均以成敗做人生價值的指標，那麼在他首次試驗失敗後，自認是失敗者，他一定會放棄，停止他那照亮世界的努力。

愛因斯坦說過：「我日復一日，年復一年地想了又想，九十九次的結論是錯誤的，第一百次終於對了。」

失敗是嘗試的自然結果，正如亨利・福特（Henry Ford）所說：「失敗只是提供你更明智的起步機會。」成功很少在第一次嘗試之後就到來。

推銷員經常面對拒絕，就是最好的例子。在遇上一個顧客說「是」之前，有八個或十個會說「不」。如果你把每一個「不」都看作是個人的失敗，你很快就會成為殘缺的人。要學會不把「不」當作是個人的問題。

要記住，如果有人說不，你沒有任何損失；如果他們說是，你就得到了一切。

測驗一個人的品格，最好是在他失敗的時候。失敗了以後，他會怎麼樣呢？失敗會喚起他更多的勇氣嗎？失敗能發揮出更大的努力嗎？失敗能使他發現新力量，喚出潛力嗎？失敗了以後，是決心加倍的堅強呢？還是就此心灰意冷？

我曾認識一個商人，他那時公司正在危機中掙扎，失敗很可能賠掉他一生的積蓄，也會連累他的親人和那些信任他的朋友。儘管如此，他從未丟掉他的歡樂和微笑。

「每一次我碰到挫折，」他告訴我，「我就問自己一個問題：『有多少東西可以搶救下來？』」

你的生活也許看似一團糟，當你回首時，只有無益的追悔和向挫敗低頭。然而你還有你的想法，你有你的資源，那些是你仍然想做的。

所以，問你自己：就目前現狀而言，你還能搶救多少東西下來？把你的資產寫下來——你的健康、你的朋友、你的技能。你的財產相當可觀呢！

成功不是唯一的真理，成功背後的失敗也是真理。

失敗教導我們謙虛，它使我們看到自己的極限，叫我們明白成功不是不勞而獲的。

失敗教導我們改正行動的方向，促使我們檢視自己的行徑，讓我們再一次嘗試新的方向。

除非你歷經許多錯誤，否則就難以造就出成功。障礙與失敗，是通往成功的兩塊最穩靠的基石。且回頭看看，難道你看不見「失敗」曾在哪裡幫助過你嗎？

面對陽光，你就看不到陰影

心有點像花園，如果不澆灌、不培植，就會長滿雜草。——荷爾（Irwin G. Hall）

所有人都會死亡，但沒有人希望預知自己的死期，這就像被判了死刑一樣，使自己帶著恐懼去細數那些剩餘的日子。

其實，我們的一生，早已被判了死刑，只是我們不知道是哪一天？以什麼方式？而也就是這種懵懂與樂觀，激發了我們的生命力；同時，也是這種積極的態度，使我們深刻感受到生命中每一刻的存在，讓我們以開闊的心胸面對未來。

聾啞教育家海倫・凱勒曾說：「面對陽光，你就永遠看不到陰影。」當我們房間的燈亮著時，外面可以享受到房間光線的溫暖；同理，只要你內心的智慧發光，那麼周圍人的心，也會被你的智慧所照亮。

「樂觀，是心裡的陽光。」成功的人，通常把注意力集中在積極的事情上，你跟他們談話時，聽到的是各種好事，而不是牢騷、恐懼和不確定的事情。你聽不到他們說最近沒做什麼事，你聽到的是他們確實做了什麼事，他們總是活得很踏實。

我們都喜歡那些積極的人，喜歡那些杯子已裝滿一半，而不是還空著一半的那些人。

法國文豪吉得，在作品《田園交響樂》中，曾敘述一段雙目重獲光明的女孩茱莉的話。她說：「我未曾想過陽光是如此明亮，空氣是如此清香，天空是這麼的遼闊，但是人們為什麼都有張憂鬱的臉孔呢？」

這句話含義深遠。我們經常是身處幸福卻渾然不覺，甚至還不滿足。我們應該增加一個好習慣：以積極的態度改變我們的心靈。不管事情多麼的糟，只要相信那只是暫時的，就會好多了。借用《聖經》裡的一句話：「這也是可以過去的。」事情總是會逢凶化吉，而且你越是往好的方面想，不斷地將積極思想裝入腦中，事情往好的方面轉化的速度就會更快。

有個大臣因智慧非凡而深受國王寵信。

智慧大臣擁有一項與眾不同的特長：他總是抱持積極樂觀的想法。也由於這種態度，他為國王化解了許多難題，因而深受國王的器重。

國王熱愛打獵。有次在追捕獵物時，不幸弄斷了一節食指。國王劇痛之餘，立刻召來智慧大臣，徵詢他對這件斷指意外的看法。智慧大臣仍一本作風，輕鬆自在地告訴國王，這是一件好事，並勸國王往積極面去想。

國王聞言大怒，以為智慧大臣在幸災樂禍，即命侍衛將他關到監獄。

待斷指傷口癒合之後，國王又興沖沖地忙著四處打獵。不料竟帶隊誤闖鄰國國境，被叢林中的野人埋伏活捉。

依照野人的慣例，必須將活捉的這隊人馬的首領獻祭給他們的神，於是便抓了國王放在祭壇上。正當祭典儀式開始，主持的巫師突然驚叫起來。原來巫師發現國王斷了一截食指，而按他們部族的律例，獻祭不完整的祭品給天神，是會受天譴的。野人連忙將國王解下祭壇，驅逐他離開，另外抓了一位同行的大臣獻祭。

國王狼狽地回到朝中，慶幸大難不死。忽而想起智慧大臣所說，斷指確是一件好事，便立刻將他從牢中釋出，並當面向他道歉。

智慧大臣還是抱持他的積極態度，笑著原諒國王，並說這一切都是好事。

國王不服氣地質問：「說我斷指是好事，如今我能接受，但若說因我誤會你，而將你關在牢中受苦，難道這也是好事？」

智慧大臣笑著回答：「臣在牢中，當然是好事。陛下不妨想想，今天我若不是在牢中，陪陛下出獵的大臣會是誰呢？」

猶太有段俗諺是這麼寫的：

如果斷了一條腿，你就該感謝上帝沒有折斷你兩條腿；如果斷了兩條腿，你就該感謝上帝沒有折斷你的脖子；如果斷了脖子，那也就沒什麼好擔憂的了。

當你為了掉一百塊錢而懊惱的時候，何不換個角度想：還好！掉的不是一千塊。走路跌了一跤，摔破了皮，你也可以覺得慶幸：還好！沒有摔斷腿。

不為自己失去的而悲，該為自己擁有的而喜。
「還好！還好！」只要你時時這麼想，生活就處處有花香。

何權峰作品集

編號	書　名	內　　　容	定價
001	展現最好的你	「路，是無限的寬廣；人，則充滿了無限的可能。」所以，無論自己的未來藍圖為何，相信自己，只要堅定地朝目標持續邁進，夢想就在不遠處等著你。	220
002	回歸自然心靈	清心可以開朗、寡慾可以無憂、單純可以喜樂、知足自然富足。讓我們一起以人為本，以自然為師，淨化心靈、放下物慾、簡化生活、回歸真我、返歸自然，進而達到知性的真，理性的善，感性的美。	200
003	心念的種籽	在《心念的種籽》中，作者跳脱一般的說教，以說故事的方式帶領人心，更能讓讀者從本書中獲得智慧與啟示。	200
004	生活就像馬拉松	馬拉松賽者最怕遇見「撞牆期」，選擇面對的方式是：調整呼吸慢慢跑， 或乾脆停下來用走的，等突破了瓶頸後，再重新開跑。	200
005	笑哈哈過苦日子	日子就像芥菜入口的滋味，有淡淡的苦味，如果拌上好的調味料，就會是一道美味的菜肴。 這樣的日子雖然清淡，但如果不忘每天一笑，不僅可以延年益壽，還可以返老還童哩！ 來！笑一個吧！	199
006	就靠這一次，人生急轉彎	從生命降臨人間的那一刻起，我們就到達了人生的起點，順著自己的目標往前走，遇到岔路時請記得向右轉，就可以找到一帖讓人生豐富和滿足的處方簽。	179
007	每10秒鐘一個幸福	這是一本似非而是的書，其中充滿了許多大師的妙論，平易中顯哲理，談笑中見智慧。每一篇章正猶如禪宗裡的一首偈，讓人茅塞頓開，有著撥雲見日的領悟。	192
008	有這麼嚴重嗎？	這本書不是要大家膚淺地記一堆笑話，也不是不負責地要大家一味地往好處想，而是希望在笑談中讓你得到了悟，在了悟的過程中得到歡樂，因此在文章裡面作者加入許多幽默笑話及妙語，讓你讀起來更有味道。	180
009	人生幸福，每一項都在拼圖	將近一百個生活哲學、簡單的小故事中，說出人生的大道理，讓你的生活注入活泉，永遠不會乾涸。	200
010	別扣錯第一顆釦子	不了解問題的根本，就解決不了問題；不看清事物的本質，就得不到真相；一個扣錯了第一顆釦子的人，就扣不完所有的釦子。	160

編號	書　名	內　　　容	定價
011	為什麼事情總是一團糟	套句何醫師的話：「用爛泥蓋房子，到頭來還是一堆爛泥。」是的，方法錯了，你越努力結果就只會越糟而已。	180
012	忘了總比記得好	假如你把過去緊抓不放，你當然會一再去經歷它，你的未來不會是別的，一定是累積了許多灰塵的過去，它注定是這樣的，這些塵埃不但會遮蓋你生命的光彩，也將阻礙你看見未來。	180
013	幸與不幸都是福	說幸福是好的，是有福的，這點大家都可以理解，但是說不幸也是福，這就奇怪了，不幸怎麼會是福呢？沒錯，不幸也是福，而且它還是比幸福更大的祝福，只是不幸的人總是「身在福中不知福」。	185
014	別讓每陣風吹著走	做自己的主人，不要盲目地跟隨潮流，被牽著鼻子走。一個有個人風格的人，才是真正具有品味的人。別讓每陣風吹著你走。	185
015	愛，錯在哪裡？	愛一再出錯，錯在哪裡？錯在人們一直沒有搞懂，愛是給，而不是得；愛不是出於需求，而是分享；不是出於匱乏，而是出於豐富。	199
016	所以你也要發正念	文字是紙上的語言，思想是無聲的語言，語言則是有聲的思想。這即是為什麼作者一再強調大家要多說好話、要有好的念頭。特別是念頭要良善、要正面，我們將遇到什麼樣的人或是什麼樣的事都在一念之間。	200
017	當下，把心放下	把心放下吧！當你人在那裡就別再掛著這裡，否則你怎麼可能真正的放鬆心情呢？快樂是來自心裡，你到了哪裡就該把心全然地投入那裡，這樣才可能快樂，不是嗎？	240
018	心田甘露	本書更透過一則則的寓言故事，提供了如何在工作、家庭、人際關係、自我成長等方面，尋求安心所在的方法，讓人有跡可循地回歸最初的清靈本心。	240
019	都是你的錯	這是你的選擇，不要去怪別人，無論你出了什麼問題，你只能怪自己。是的，錯的永遠是你。	240
020	大而化之	44個觀點，教你大事化小，小事化無。生活中，造成情緒失控的原因，大多不是什麼天大的事，而是微不足道的芝麻小事。然而就像小小的吸血蝙蝠能把偌大的野馬置於死地一樣，問題在於你是否能大而化之。	240

編號	書　名	內　　　　容	定價
021	幸福，早知道就好	表面上，你是在追求幸福，但其實是在尋找不幸。追求幸福最大的障礙，即是期望過大的幸福。遺憾的是，這道理人往往要到失去或太遲了，才懂！為什麼不現在就知道？	240
022	貼心	貼心，是一種心靈的靠近，一種真情的流露，一種溫柔的關懷，一種無私的包容。	240
023	微笑，生命的活泉	微笑的表情，可以感受生活中每一刻的豐足與喜悅；樂觀的心情，足以抵擋生命中每一次的挫折與打擊。打開書，展笑顏，你將趕走陰霾，為自己尋得生命的活泉。	220
024	心寬，寬心	萬物的本質都是善的，如果我們把慈悲和愛心放在良善的特質上，整個生命將立即改變，一旦你不再劃分，所有的對立消失，所有的衝突消失，那就是和諧的藝術。	240
025	豁然開朗	快樂不在於擁有什麼或達成什麼，快樂已經在那裡，你並不缺少什麼，只要換個想法，換個選擇，一切快樂就顯現給你。	220
026	四捨五入	空，是無，也是有。放下其實是另一種擁有。「四捨五入」是割捨的哲學，也是喜樂的哲學，寫給所有「放不下和捨不得」的朋友們。	240
027	懶，不費力的智慧	懶得去爭。懶得去想。懶得生氣。懶得抱怨。懶得記仇。懶得追求。懶得計較……你看，「懶」包含了多少美德和處事的智慧。懶有什麼不好？	199
028	命運發牌，機會出牌	你覺得自己命不好、運不佳，或是正陷入厄運當中嗎？相信我，那不是什麼厄運，而是你要轉運了。	240
029	一笑天下無難事	試試我給你的這個祕訣：先快樂，然後看看會發生什麼。不要再等待快樂的事發生，不要再期待所有的問題都解決了，你已經等得夠久了。快展露微笑吧！	220
030	開心，放開心	所有的結都是你自己綁上的。即使心有千千結，但是在心的深處，是沒有打結的。只要你願意放開你的心，突然，結就這麼解開了。	210
031	愛，不是你以為的那樣	你不是愛錯了，而是弄錯了；你們不是不合，而是最好的組合。那些因不合而分開的愛人都「誤解」了，愛，不是你以為的那樣。	190
032	你的幸福，我的祝福	人不是因幸福才被祝福，而是因為祝福所以幸福。你的幸福需要有人祝福，別忘了也將祝福給需要的人。	230

編號	書　名	內　　　　容	定價
033	微笑，當生命陷落時	人類的痛苦，不僅僅起因於不幸災難，更由於錯誤的認知導致。喜樂來自了解，你越了解，你就越容易離苦得樂。沒錯，一旦明白所有發生在我們身上的事。	220
034	今天的你，開心嗎？	這本書裡的每個篇章和故事都包含各種面對問題的態度，有了好的態度，解決問題自然容易得多。你可以參考書本後面「接下來，該怎麼做？」剩下來的就看你自己了。	230
035	幽默一笑過生活	這本書中舉了大量的幽默事例、笑話，讓我們知道再糟糕的人，也有好笑的一面；再嚴重的事，也有趣味的一面；笑料是無所不在的。	220
036	為什麼聰明人會做糊塗事？	要知道自己是在做夢，就必須先醒來；要知道什麼是錯的，就必須先知道什麼是對的；要知道自己糊塗，就必須先聰明……	220
037	喜悅，順流而行	當你不再對抗生命之流，遲早那些事情都會自己安定下來，你不需要去安頓它們，你只要安頓你自己。一旦你處於和諧之中，整個生命都會處於和諧之中，這就是喜悅之道。	220
038	我微笑，所以我快樂	快樂也要面對，痛苦也要面對，為什麼不樂觀去面對？哭也是一天，笑也是一天，為什麼不微笑去面對每一天？	230
039	愛，其實我們都看反了	如果你的愛為你帶來的是不滿、是怨懟、是憤恨、是一再重複負面的模式，那就表示你的愛並不是愛，是你把愛看反了。	220
040	其實，我們都陷在執著的觀念上	我們總期待人生能順心如意，結果卻往往事與願違，為什麼？因為如果我們凡事都想順心，又怎麼可能事事如意？其實，我們都陷在執著的觀念上。	220
041	不是路已走到盡頭，而是該轉彎了	你可曾注意過關在屋子裡的蒼蠅？它會去找尋光亮，一次又一次撞擊玻璃窗。你是否也看過有人這麼做呢？他們陷在問題裡，不斷掙扎，其實，那不是無路可走，而是該轉彎了。	220
042	這輩子，至少覺悟這一次	大多數人都像一群跑道上的跑者，卻不知道自己要跑到哪裡？要跑去做什麼？這些年你都在忙些什麼？是否也該靜下來想想：你要跑到哪裡？你要跑去做什麼？	220

GOBOOKS
& SITAK
GROUP ©